観光と地域

エコツーリズム・世界遺産観光の現場から

深見　聡

南方新社

はしがき

本書は、観光と地域とのかかわりを、世界遺産とエコツーリズムという二つのキーワードをとおして考えてみようという意図で企画しました。

こんにち、日本は急激な人口減少と超高齢化に直面し、地域の活性化がさまざまな立場から模索されています。そのなかでも、観光は、政府はもちろんのこと、地方自治体のなかで政策の柱に掲げないところは存在しないほどに、注目すべき産業であることは間違いありません。定住人口から交流人口の拡大や、インバウンド（訪日観光客）の急増への対応など、もはや観光と切り離して私たちの生活を考えることは難しいと言っても過言ではありません。

ところが、過剰な観光客の流入は、地域に暮らす人びとの静かな生活環境を一変させたり、生態系への影響が懸念されたりといったオーバーユース、いわゆる観光公害を招くことになりかねません。息の長い観光振興とは、一時的な経済波及効果を追求するばかりではなく、結局のところ、観光客（ゲスト）と地域の人びと（ホスト）にとって互いにプラスとなるような社会的効果を大切にすることだと思います。なかなか数字で表せない側面にはなりますが、お金で買うことのできない観光の役割にこそ、これからの「持続可能な地域づくり」へのヒントがたくさん詰まっているはずです。

本書が、少しでも「観光と地域」への関心を高めるきっかけになればと願っています。

令和元年七月　　深見　聡

目次

観光と地域――エコツーリズム・世界遺産観光の現場から――

第一章　観光学へのいざない

みなさんの「観光」や「旅」の思い出を挙げるとしたら、どのようなことが浮かぶでしょうか。私がこれまででもっとも印象に残っているのは、北海道です。二〇〇六年九月、小樽や洞爺湖、積丹《しゃこたん》半島やニセコ昆布温泉をめぐり、二〇一五年九月には日本島嶼《とうしょ》学会大会に参加するために函館を経由して奥尻島を訪ねました。私は南国・鹿児島で生まれ育ち、九州以外で暮らしたことがないため、北海道の針葉樹林のつづく森の景観や、海鮮丼やとうきび（とうもろこし）をはじめとする北の海と大地の恵みを、今でも鮮明に思い出します。みなさんも、それぞれ「観光」や「旅」の当事者として、いろんな思い出があるのではないでしょうか。「観光」も一つの熟語ですから、やはりその内容や意味といった定義が存在することになります。そこで、まずは私たちがどのようなきっかけでどんな場所に出かけたいと思うのか考えてみましょう。

一、「観光」とは何か？

「観光とは何だろう？」と考えてみると、二つの不可欠なポイントがあります。第一に、これは当たり前と思うかもしれませんが、「場所を移動する」という点です。たとえば、パソコンの前でいくらきれいな観光地の動画や画像を眺めていても、それは観光とは呼びません。あくまでも、バーチャルな疑似的な経験という位置づけになるわけです。そのため、観光は「本物に触れる」という経験を求めて広がっていくわけですから、「場所の移動」が必ずともなう点が強調されます。

第二に、「楽しみを目的としている」という点です。「楽しみ」がさすことは、人によってさまざまです。私は、二〇一四年三月に、ゼミの研修と卒業旅行をかねて、ユニバーサルスタジオジャパン（大阪市此花《このはな》区）に出かけました。学生と一緒に私もさまざまなアトラクションに挑戦しましたが、すぐに乗り物酔いをしてしまうために、実は酔い止め薬を飲んで何とかついていったということがありました。余談ですが、その日は時おり雪がちらつくほど寒の戻りがきびしく、帰着後に肺炎になりかけていました。やはり、自身の年齢に対する過信は禁物と感じる経験でした。話を戻しますと、私にとって、テーマパーク系で感じる「楽しみ」の度合いは、相対的に低いのかなと感じます。しかし、ユニバーサルスタジオジャパンや東京ディズニーランドなどの人気は、衰えるところを知りません。したがって、「楽しみ」は本当に多種多様な意味をふくむことになります。

具体的には、歴史が好きな方にとっては、城郭など歴史遺産を訪ねることは「楽しみ」そのものになります。あるいは、食べるのが好きな方は、食べ歩きなどのグルメツアー、自然環境に触れるのが好きな方は、自然が織りなす絶景や、火山や温泉の恵みに目が向きやすいといったように、それぞれにやっぱり「楽しみ」のさす対象は、違ってくるわけです。それから、「楽しみ」という言葉のなかには、実は、「学ぶこと」が楽しいという内容も当然ながらふくみます。すなわち、単純にレジャー施設で味わう感覚的な「楽しみ」とともに、学びを深められることへの楽しみという意味も入ってくるわけです。このように、「楽しみ」という言葉は、実は非常に多面的な意味をもっています。

また、「場所の移動」をともなう行動として、修学旅行があります。たしかに、修学旅行も観光スポットも訪ねる点をとらえれば、観光にふくまれる側面もゼロではありません。しかし、修学旅行は、文部科学省の示す学習指導要領などによって、学校教育計画の一環としておこなうため、行き先は教員が決定したうえで、社会科など各教科との連携を意識した旅程となるよう工夫を図ります。そのため、当事者が自由意思にもとづき「場所の移動」や「楽しみ」をともなう観光とは異なるものと言えるでしょう。

二、「観光」が成り立つための四要素

観光とは、①場所の移動をともない、②「楽しみ」を目的とした行動をさすことを紹介しました。ここでは、観光が成り立つためには欠かすことのできない要素について触れておきたいと思います。

観光は、いろんな立場の人たちのかかわりがあって、一つの現象として存在しますが、まず欠かすことができないのが、「観光客」の存在です。言われてみると、当たり前のことなのですが、いくら魅力的な

観光対象があったとしても、だれも足を運ぶ人がいなければ観光は成り立ちません。そのため、観光が成り立つために必要な要素のうち、一番に挙がるのは観光客になります。

二つ目に挙げておきたいのは、「観光資源」（観光対象）になります。観光客は、「場所の移動」をへてそのまま帰ってくることはしません。移動することに必ず何らかの目的があるわけです。景色を見たり、おいしいものを食べたり、地域の人びとと交流したりという時間をもちます。

そして、三つ目が「観光客と観光資源を結び付ける役割」の存在です。これを、「観光資本」（「観光媒介」あるいは「観光媒体」）と呼びます。媒介（媒体）というのは、「結びつける」「橋渡しをする」という意味です。したがって、観光客と観光対象のある地域を結ぶということになりますから、具体的には移動手段や情報などを提供する存在と理解しておくとよいでしょう。

私たちは、観光に足を延ばす際に、どのような移動手段を使うでしょうか。マイカーやレンタカーは小回りの利く利便性もありますし、バスや鉄道、そして飛行機、船舶といった公共交通機関がすぐに浮かんだと思います。しかし、時代をさかのぼるほど、移動手段は今日ほど便利ではありません。観光が多くの人びとにとって身近なものとなっていくのは、これら移動手段が私たち庶民にとって気軽に利用できるようになってからです。極端な例を挙げてみると、私たちは観光の際に「船で出かける」と聞けば、多くはフェリーを思い浮かべるでしょう。では、もしも案内された「船」がフェリーではなく丸木舟だったら、これはもはや観光の移動手段ではなくなり、心身鍛錬の場へと変貌してしまいます。

ですから、観光の発展の大きなキーワードとして、産業革命が登場してきます。たとえば、日本では、二〇世紀になって以降、とくに戦後の高度経済成長期あたりから、現在、私たちがイメージする観光がさかんになってきたと言えます。さらに、「媒体」という言葉は、メディアとも呼びますので、インターネットや書籍、口コミなどの情報のやりとりという意味もふくんでいます。そういったたくさんの情報を頼りにしながら、私たちは観光地を選好しているのです。

ここまで三つの要素を取り上げてきましたが、数十年前までに刊行された観光学の書籍や論文では、観光を構成する要素は、観光客・観光資源・観光資本の三つだとしているものがほとんどです。ところが、現在は観光を構成する要素にもう一つ、「コミュニティ」（地域住民、地域社会）を加えて四つの要素というとらえ方が一般的になっています。つまり、この数十年の間で重要視するようになった、四つ目のコミュニティ（地域住民、地域社会）が他の三つにくらべて新しい要素として位置づけられます（図一―一）。地域の人びとの観光客来訪への理解なくして、観光は持続的に展開することは不可能と言われるようになりました。観光客が訪れるということは、その地域にとってにぎわいをもたらすことになるわけですが、一方では、そこに暮らす人びとの静かな生活環境は脅かされます。あるいはそこで観光客が消費（お土産や食事、体験活動など）をとおして、地域で新たな経済循環を生み出さないと、その地域にとっては観光の利点がなく持続的な展開の面で広がりに欠けることになります。そのため、コミュニティの存在が、今では四要素のなかでは観光を支えるもっとも足下の基盤に位置するととらえられます。

地域の人びとにとって、これまで自分たちが当たり前と思っていたことが、外からの来訪者にとってはとても魅力的に映る地域の宝は至るところに存在しています。たとえば、私の故郷・鹿児島の例を挙げると、鹿児島市内にある銭湯（公衆浴場）のほぼすべてが天然温泉です。鹿児島市民にとって、温泉は身近すぎる存在のため、温泉に入浴するのは日常の行動になっています。ところが、この「当たり前」は、多くの

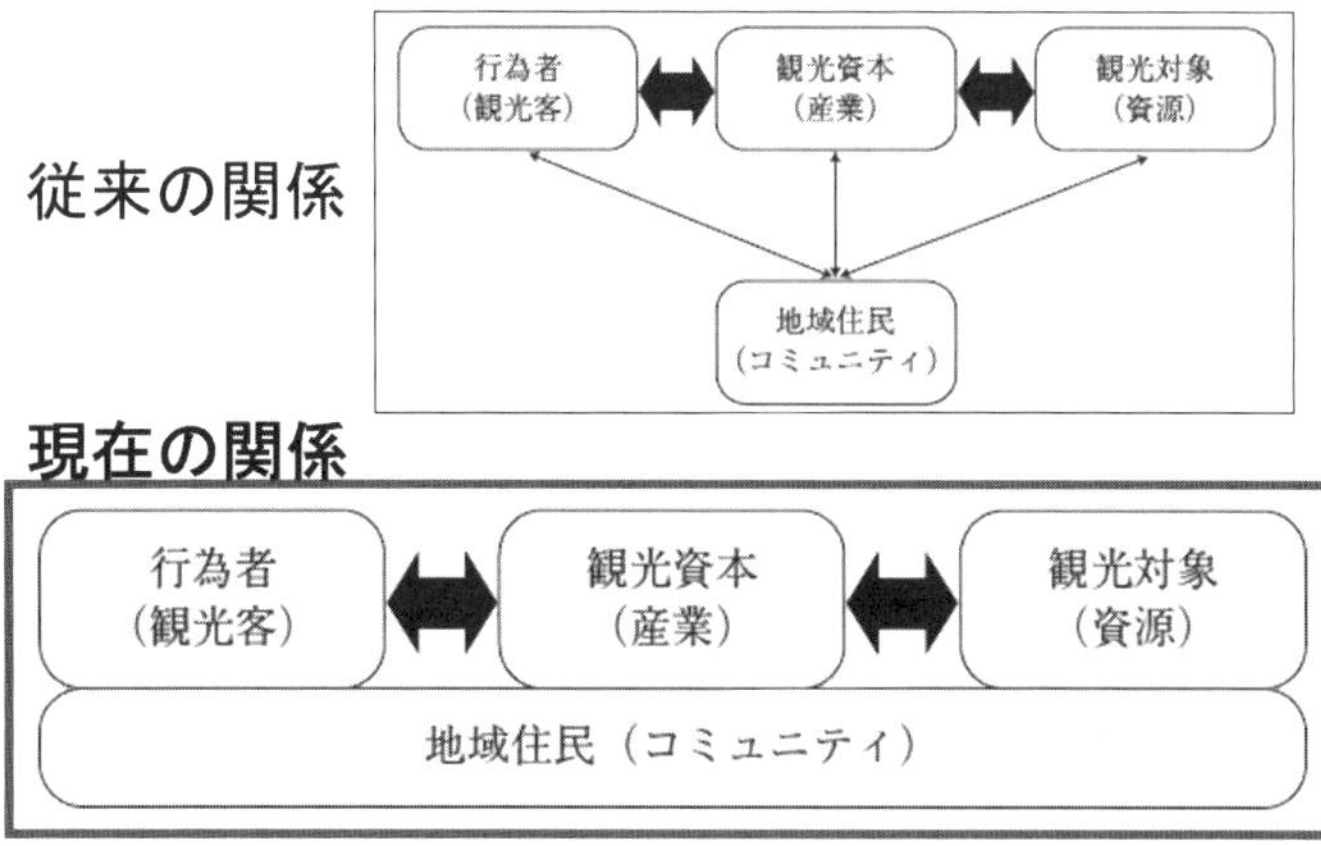

図 1-1　観光を構成する４つの要素． 現在、コミュニティは他の要素のいずれにも基盤として密接に位置するようになった．深見・井出編（2010）より．

来訪者からみると、「当たり前」ではない非日常的な自然の恵みであり、もっと発信すべき地域の宝なのではないかと感じる対象になります。そのため、地域の人びとにそのことを話したり、口コミやＳＮＳ（ソーシャル・ネットワーキング・サービス）で発信したりしてくれるでしょう。今では、鹿児島市内の観光案内所や宿泊施設では、温泉銭湯マップが置かれています。地域にとっての何気ない「日常」が地域の宝として新たな価値づけがなされたことで、ゲストとホストの相互にとってウィンウィンの関係が生まれた好例と言えます。

このように、観光は、三プラス一で今日では四つの要素をもち、コミュニティに歓迎される観光こそが、持続的な展開を可能にしていくのです。

三、自然と文化の承継の場である世界遺産

そのような「地域の宝」を保全し次の世代へ承継していくとき、観光という方法は力を発揮します。同時に、過剰な観光客の流入は、「オーバーユース」や「観光公害」と呼ばれ

るさまざまな問題が発生するリスクも無視できません。たとえば日本には、自然公園法（一九五七年）にもとづく国立公園制度があります。北は北海道の「利尻礼文《りしりれぶん》サロベツ」、南は沖縄県の「西表《いりおもて》石垣」まで三四地域が指定されています。生物多様性など自然環境の保全をすすめるとともに、農林水産業やレクリエーション活動、グリーン・ツーリズムなどをとおして環境保全の意識向上につなげていく役割があります。世界で初めての国立公園は、一八七七年に誕生したイエローストーン（米国）で、各国はそれぞれに国内法を整備して、国の実情を反映した管理がなされています。

それに対して、本書で扱う世界遺産は、自然や文化を保全し承継していく点では国立公園と類似していますが、条約により世界で統一の基準を設けて、それらを登録していく制度です。みなさんも、「世界遺産」と聞くと、日本国内でもさまざまな地域（物件）の名が頭に浮かぶと思います。つぎに、この世界遺産の仕組みがどういうものなのかみていきましょう。

1　世界遺産とは

世界遺産[1]とは、「世界」と名がついていますので、日本独自の制度ではありません。世界遺産条約（世界の文化遺産及び自然遺産の保護に関する条約）という国際的な約束ごとにもとづき、世界各国にある自然や文化を保全し承継していこうというものになります。一九七二年の第一七回ユネスコ総会で採択、一九七五年に発効しました。二〇か国でスタートし、二〇一八年現在、一九三の国や地域が条約の仲間入りを果たしています。そのうち、一六七か国に合計一〇九二件の世界遺産が誕生し、非常に数が多くなっているという印象です。真っ先に登録されたのは、ダーウィンの進化論で有名な南米エクアドルのガラパゴス諸島です。このような世界各地にある自然や文化遺産について、「顕著な普遍的価値」を備えたものを世界遺産に登録し、保全し後世に伝えていく義務を果たすことが求められます。

登録にあたっての前提条件ですが、大きく五つの点に注目する必要があります。

まずは、世界遺産条約を締結していることです。つまり、条約に記された世界遺産という仕組みに賛同していること、つまり条約を批准し国際間のルールを守る必要があります。

つぎに、世界遺産の登録を目指す対象は、いきなり年一回開かれるユネスコ（ＵＮＥＳＣＯ：国連教育科学文化機関）の世界遺産委員会で本審査を受けるのではなく、本審査を希望する遺産を、いったん「暫定リスト」として世界遺産センターに届け出ておく必要があります。私たちに身近な例で言うならば、車の運転免許を取るときに似ています。いきなり公安委員会の運転免許試験場に行っても結果はほぼ不合格になるのと同じで、まずは「仮免許」を取ることを目指します。これは、本免許を取得する意思表示になるわけです。世界遺産の場合も、それぞれの国が世界遺産の本審査に臨みたい遺産を、まずは世界遺産委員会へ「暫定リスト」として提出する、という手順をふむのです。

三番目が、世界遺産の登録を目指す物件は、土地と一体になったもの、つまり建造物や地形・地質、文化的景観などの不動産である必要があります。ですから、ここでいう世界遺産とは、不動産以外のものは対象にふくみません。日本からは二〇一三年に「和食」が、翌年には「日本の和紙」が登録された「世界

1 世界遺産は、歴史的建造物や文化的景観などを対象とした文化遺産、希少生物や地形・地質などを対象とした自然遺産、それらの両方の価値を兼ね備えた複合遺産の三種類がある。

表 1-1　世界遺産の登録基準

複合遺産	文化遺産	（1）	人類の創造的才能を表す傑作である。
		（2）	ある期間、あるいは世界のある文化圏において、建築物、技術、記念碑、都市計画、景観設計の発展における人類の価値の重要な交流を示していること。
		（3）	現存する、あるいはすでに消滅した文化的伝統や文明に関する独特な、あるいは稀な証拠を示していること。
		（4）	人類の歴史の重要な段階を物語る建築様式、あるいは建築的または技術的な集合体または景観に関する優れた見本であること。
		（5）	ある文化（または複数の文化）を特徴づけるような人類の伝統的集落や土地・海洋利用、あるいは人類と環境の相互作用を示す優れた例であること。特に抗しきれない歴史の流れによってその存続が危うくなっている場合。
		（6）	顕著で普遍的な価値をもつ出来事、生きた伝統、思想、信仰、芸術的作品、あるいは文学的作品と直接または明白な関連があること（ただし、この基準は他の基準とあわせて用いられることが望ましい）。
	自然遺産	（7）	類例を見ない自然美および美的要素をもつ優れた自然現象、あるいは地域を含むこと。
		（8）	生命進化の記録、地形形成において進行しつつある重要な地学的過程、あるいは重要な地質学的、自然地理学的特徴を含む、地球の歴史の主要な段階を代表とする顕著な例であること。
		（9）	陸上、淡水域、沿岸および海洋の生態系、動植物群集の進化や発展において、進行しつつある重要な生態学的・生物学的過程を代表する顕著な例であること。
		（10）	学術上、あるいは保全上の観点から見て、顕著で普遍的な価値をもつ、絶滅のおそれがある種を含む、生物の多様性の野生状態における保全にとって、もっとも重要な自然の生育地を含むこと。

鈴木（2010）をもとに作成．

無形遺産」などとは、また別の国際的な仕組み（二〇〇六年に発効した「無形遺産の保護に関する条約」によるユネスコの事業）によって、保全と承継の対象となっています。

　そして四番目に、登録を目指す遺産（物件）は、それぞれの国の法律によって確実に保護に努めていることが謳われています。日本の場合、世界文化遺産の場合は文化財保護法という法律がありますし、自然遺産を目指す場合には自然環境保全法などにもとづいて、まずは国の中で保護、保全の仕組みが整っていることが前提条件として挙がってきます。

　そして最後の条件が、ユネスコが示している登録基準のどれか一つ以上を満たすことです（表一―一）。

ここまで述べてきた五つの前提条件をふまえて、それぞれの政府はどの自然遺産、文化遺産を暫定リストへ記載し、本審査に臨むことにするか決めています。

日本が世界遺産条約を批准したのは、一九九二年のことでした。これはG7と呼ばれる先進国のなかではもっとも遅い仲間入りとなったのです。これに対してはさまざまな評価がありますが、日本は比較的、国内の自然や文化の保全に対する法令体系が構築されていたので、わざわざ世界遺産制度に加わる必要がなかったと解釈することもできます。また、世界遺産の制度を運用するのは、国際連合の専門機関であるユネスコですが、その運営分担金をめぐって、さまざまな駆け引きがあったのも事実です。これら複合的な要因があって、結果として日本は一九九二年の批准につながり、その翌年に日本初の世界遺産が四件誕生しました。現存する世界最古の木造建築・法隆寺を中心とした「法隆寺地域の仏教建造物」(奈良県)、日本の城郭建築のなかでも最高峰と名高い「姫路城」(兵庫県)の二件が文化遺産になります。さらに、青森県と秋田県にまたがる「白神《しらかみ》山地」と、鹿児島県の「屋久島」は、自然遺産に登録されたのです。

実は、このように一つの国から同時に世界遺産の四件の登録は、今後は起きることはないでしょう。二〇二〇年からは、一つの国から世界遺産登録の本審査に臨めるのは、一年につき一件のみということになりました。そのため、まずは世界遺産の登録を目指す「暫定リスト」のなかから、登録の本審査に臨む国内推薦を得るための競争がより激しくなっていくと思われます[2]。

最後に、世界遺産条約が誕生するきっかけは、一九五〇~六〇年代にエジプトですすんだナイル川でのアスワン・ハイ・ダム建設計画にともなって水没の危機に直面していたヌビア遺跡群を移設・保存するために、日本など五〇か国以上の資金援助により移築工事がなされたことにあります。このように、世界遺産制度の出発点が遺産の保全から始まっていますので、条約の中の目的には「遺産の保全や保護をしましょう」は明文化していますが、「それらの遺産を活かして観光を促しましょう」ということは一切記されていません。この点をふまえて、日本にある世界遺産の特徴をみていくことにします。

2　日本にある世界遺産の特徴

日本には、二〇一九年現在、二三件の世界遺産が存在します。これら日本の世界遺産の特徴を挙げるとすれば、大きく二つ見出すことができると思います。

まず、この二三件のうち、文化遺産としての登録が圧倒的に多いという点です。自然遺産が四件、文化遺産が一九件、複合遺産はゼロと、圧倒的に文化遺産の数が上回っています。これは日本に限った傾向ではありません。世界遺産の総数一一二一件のうち文化遺産が八六九件（全体の七八パーセント）、自然遺産が二一三件（一九パーセント）、複合遺産が三九件（三パーセント）と、やはり圧倒的に文化遺産の登録が多く、日本の世界遺産の傾向とほぼ同じです。

この理由について、さまざまな要素を考慮する必要がありますが、世界遺産制度を本部がフランスのパ

2　二〇一九年四月現在、暫定リストには、文化遺産候補として、「古都鎌倉の寺院・神社ほか」（神奈川県、一九九二年）、「彦根城」（滋賀県、一九九二年）、「飛鳥・藤原の宮都とその関連資産群」（奈良県、二〇〇七年）、「北海道・北東北を中心とした縄文遺跡群」（北海道・青森県・岩手県・秋田県、二〇〇九年）、「金を中心とする佐渡鉱山の遺産群」（新潟県、二〇一〇年）、「平泉—仏国土（浄土）を表す建築・庭園及び考古学的遺跡群」（拡張申請）（岩手県、二〇一二年）の六件、自然遺産候補として「奄美大島、徳之島、沖縄島北部及び西表島」（鹿児島県・沖縄県、二〇一六年）の一件が記載されている。

リにあるユネスコが担っていることに注目してみましょう。登録する物件は、中国を例外として、西洋の文化的な価値観を中心に建造物や遺跡群の登録が、とくに制度開始のころに急増していったという背景があります。次第に、ユネスコも欧米地域以外の自然や文化に着目していこうという登録方針の変化が生まれ、同時に自然遺産の登録件数も増やそうといった動きも起こってきました。そのような経緯もあり、日本でも、自然遺産の候補地として、近年、「奄美大島、徳之島、沖縄島北部及び西表島」（以降、「奄美・沖縄」と短く記すこともあります）が二度にわたり推薦されたのです。

つぎに、日本にある二三件の世界遺産を登録の年代順にならべてみると、迫力や規模が群を抜く存在感を観光客にもたらす「ザ・世界遺産」的な対象から、価値の多様化へと向かう傾向が浮かびあがってきます。登録初期の世界遺産として、たとえば「古都京都の文化財」（一九九四年登録）は、平等院鳳凰堂や清水寺、金閣寺などが構成資産となっています。これらは、もともと高い知名度を誇る対象が世界遺産に登録されていった点が指摘できます。そこから一歩踏み込み、さらに世界遺産の対象となるものの価値の多様化が図られてきました。具体的には、近現代の対象を積極的に評価する点や、複数の遺産を組み合わせて一つのストーリーで説明する、つまり、一つの物件とみなして推薦する「シリアル・ノミネーション」（Serial Nomination）[3]の積極的な評価です。こういった、広域にまたがる一つ一つの遺産を、新たに一つのスト

[3]東京・上野公園の一角に建つ国立西洋美術館は、二〇一六年に「ル・コルビュジエの建築作品—近代建築運動への顕著な貢献—」として世界文化遺産に登録された。フランスを中心に、七か国・一七の構成資産から成り立っている。本遺産は、シリアルノミネーションの代表例と言える。

ーリーのもとで価値を説明したものを世界遺産に登録していくことに対して、ユネスコは一九九〇年代以降に推奨するようになり、二〇〇〇年代になりさらに顕著となっています。

日本では、第三章で扱う「明治日本の産業革命遺産」（二〇一五年登録）が、もっとも分かりやすい対象です。よく知られる構成資産には、軍艦島や八幡製鉄所などがありますが、たとえば軍艦島のみを世界遺産に登録するのではなく、日本が近代化を果たしていく歩みは、幕末から始まり近代に至るまで、連綿と九州から西日本各地、そして東北地方までふくむ地域に技術の伝播や融合がなされていったというストーリーのもと、八県に分布する二三の構成資産から成り立っています。

また、第四章で扱う「長崎と天草地方の潜伏キリシタン関連遺産」（二〇一八年登録）も、長崎県と熊本県に位置する一二の遺産から成り立っています。このような、シリアル・ノミネーションの考え方を取り入れた登録の方法は、一つの遺産を訪ねるだけではなかなか全体の価値をつかみにくいかもしれません。そこで、複数の遺産を訪ねることを前提として、世界遺産としてのストーリーを理解しやすくなる点を、世界遺産観光の当事者となる私たちは意識しておくとよいでしょう。

四、「持続可能な観光」としてのエコツーリズム

私たちの生活のなかに、すっかり溶け込んだ言葉に「エコ」があります。たとえば、エコカーと聞くと、排出ガスの抑制や燃費の向上などを意識した車を連想すると思います。「エコ」＝「環境に優しい」というイメージが非常に強いのですが、さまざまな観光形態のなかにも、エコツーリズムという言葉がありま

す。

エコツーリズムとは、国連の提唱する「持続可能な開発」(Sustainable Development)[4]を念頭に、自然環境の活用と保全の両立を目的とする観光形態のことを言います。具体的には、地域の自然環境にもとづき育まれた文化や歴史、それらを承継してきた人びととの交流といった体験をとおして、地域経済の活性化と環境保全の取り組みの両立を推進するものになります。ここで、「持続可能な開発」という言葉が登場してきましたが、わかりやすく言い換えると、「持続可能な」は、次の世代に今ある自然環境や文化、歴史を引き継いでいくという意味合いで理解しておくといいかなと思います。

エコツーリズムは、一九八〇年代に登場した観光形態をさす用語です。もとは、エコロジカル・ツーリズム(Ecological Tourism)から派生した造語になります。日本語に置き換えると、「生態系をめぐる観光」、あるいは「環境観光」となりますが、やや馴染みにくい印象になってしまいます。そのような場合、日本語は大変便利で、とくに直訳したときのニュアンスでしっくりこないときには、そのままカタカナ表記で言葉を採り入れることが多々あります。エコツーリズムも、「環境観光」は定着せず、そのままカタカナ表記による「エコツーリズム」の呼び名で浸透していきました。

日本では、一九九一年に環境庁がおこなった「沖縄におけるエコツーリズム等の観光利用推進方策検討

4 「環境保全」と「開発」とを両立させるための基本的な考え方。日本語で「Development= 開発」の対訳が採られているため、産業の発展をイメージした「持続可能性」の追求と誤解されやすい。本来は、それぞれの地域の特性を反映した、自然や文化の承継とともに、貧困を克服する生活への進展を図る理念である。

調査」が、本格的にエコツーリズムへの取り組みがすすむ契機となります。人間環境と自然環境との絶妙なバランスの上にある生態系を保全しながら、観光客が地域の魅力を知っていくという観光の形態として、沖縄県各地や屋久島、小笠原諸島での取り組みが知られるようになりました。次第に、エコロジカルの「エコ」には、エコノミカル（Economical）の「エコ」の意味も加わるようになってきています。

私は、一九九六年六月に初めて飛行機（JTA便の那覇→鹿児島）に乗って以来、現在に至るまで、つねにエコノミークラスを利用しています。ビジネスクラス、ファーストクラスなどには全く縁がありません。一度は乗ってみたいと思いますが、飛行機のシートクラスで使われるエコノミー、あるいはエコノミカルとは、「節約」や「効率」、すなわち「あまりお金をかけない」という意味になります。ですので、エコノミークラスというのは、値段が安いお得感のある座席だということで、私はエコノミークラス席を利用し続けているわけです。

エコツーリズムでも、生態系や、人間環境と自然環境との関係を大切にし、さらにお金をかけずに（大規模な開発やインフラ整備を中心にすえずに）、「今あるもの活かす」ことが欠かせません。この視点こそが、エコツーリズムとは何かという問いへの答えになると言えます。

日本でエコツーリズムを早い時期に展開してきた屋久島は、一九九三年の世界自然遺産への登録以降、入山者に対する募金や、二〇一七年三月から条例にもとづく入山協力金の制度が導入され、エコツーリズムの持続的な展開を図り今日に至ります。そこで、次章では屋久島でのエコツーリズムの現状と課題について詳しくみていくことにします。

参考文献

鈴木晃志郎（二〇一〇）：ポリティクスとしての世界遺産、観光科学研究、三、五七—六九頁.
深見聡・井出明編（二〇一〇）：『観光とまちづくり—地域を活かす新しい視点』古今書院.

第二章　日本初の世界遺産・「屋久島」のエコツーリズム

はじめに

世界遺産登録は、地域にとって「諸刃の剣」であるという指摘がなされてきました（真板・高梨、二〇一一）。本来、世界遺産は、人類の共通財産として「顕著な普遍的価値」をもつ自然や文化を保全・承継していくものであり、観光振興を目的にはしていない点が意外と知られていないためです。「世界遺産」がブランド力のある観光資源としてさかんに宣伝されることで、保全の意義を知るという世界遺産観光の効用よりも、「オーバーユース」などの課題が深刻化している地域もあり、世界遺産制度の役割を問い直す動きもみられます。それに対して、観光客のマナーやモラルの向上を図ったり、私有地などへの立ち入り制限といった対応を採ったりするケースも耳にするようになりました。さらに、観光行動のもたらす地域への負荷は、生活環境にとどまらず周辺の自然環境にも波及していくことを無視することはできません。

世界自然遺産の登録地では、立ち入り人数の制限やトイレの有料化、体系的な環境教育プログラムの提供といった取り組みがすすみつつあります。日本初の世界遺産の一つである屋久島（図二—一）では、携帯トイレブースの設置箇所の増設など、観光客の増加への対応策がみられます（写真二—一）。

さらに、二〇一七年三月より、屋久島町が制定した「世界自然遺産屋久島山岳部環境保全協力金条例」により、入山する人に、一日千円、一泊二千円の納付協力の制度運用が始まりました。屋久島の入り込み客数は、一九七〇年代半ばから一九八〇年代半ばまでは一〇万人台前半で推移していましたが、世界遺産登録後は増加に転じ、二〇〇七年度には四〇万人超を記録します。そのなかでも、観光客の人気を集める縄文杉には、二〇一〇年度に約九万人が訪れ、ピーク時には一日千数百人が足を運ぶことで、「登山渋滞」も発生しました（写真二—二）。同時に多くの人びとが集中することで、根元の踏みつけや登山道が荒れるといった影響が懸念される事態となったのです。

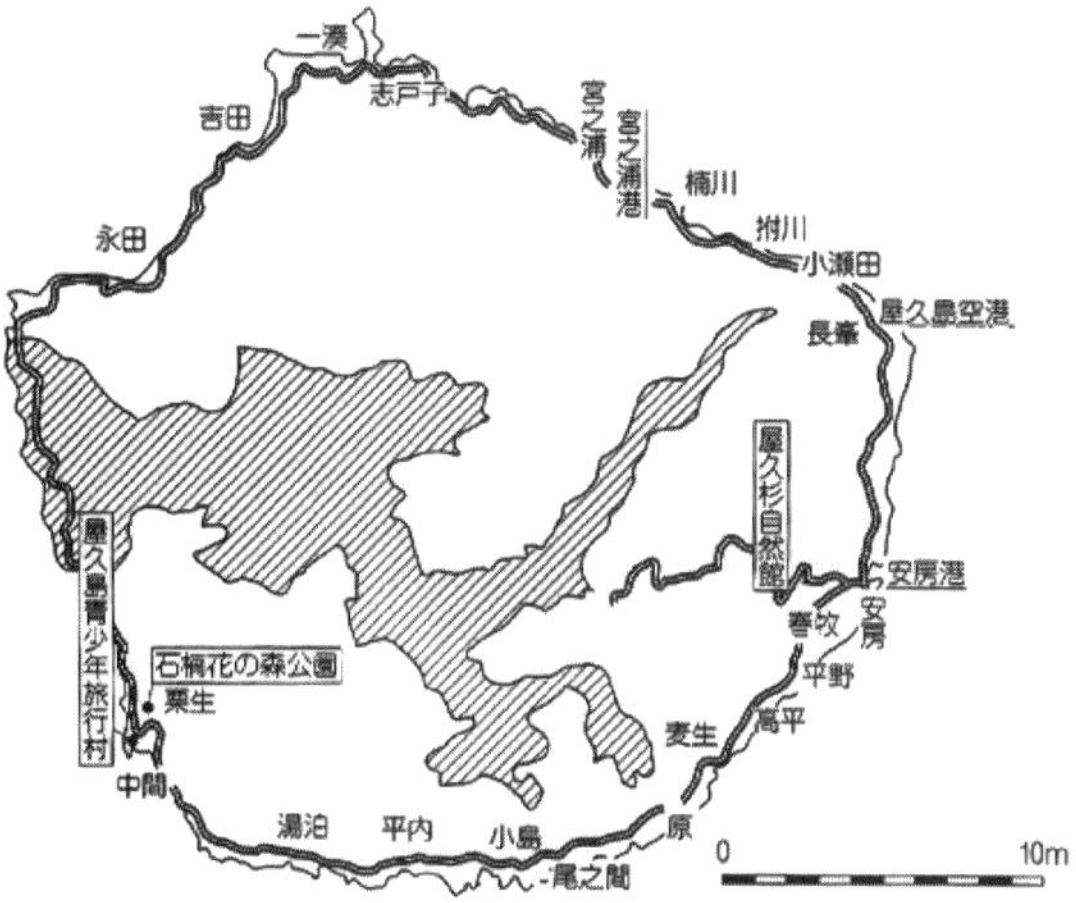

図 2-1　屋久島の概観. 斜線区域が世界遺産登録地. 深見（2012）より.

これをうけて、二〇一一年六月一四日に屋久島町は、二〇一二年三月施行を目指し、「屋久島町自然観光資源の利用及び保全に関する条例」案を町議会に提出しました。この条例案は、縄文杉への立ち入りを一日あた

写真 2-1　白谷雲水峡にある使用済み携帯トイレ専用回収箱. 2018 年 8 月 25 日撮影.

写真 2-2　観光客で混雑する縄文杉一帯. 現在は緩和傾向にある. 若林弘一氏提供.

り四二〇人程度に抑えることで、保全と観光との両立を図ろうとしたのです。しかし、昨年実績にくらべて登山者数は年間約九千人、それによる宿泊関連の売り上げが約二億三千万円の減少の見込みという町の試算もあり、同月二三日の本会議で、賛成ゼロ、反対一六による全会一致で否決されました。当時、議会特別委員会副委員長は「自然環境を守るために観光客を制限する必要性は理解しているが、観光産業にあまり影響を与えるべきではない」とコメントしています（西日本新聞二〇一一年六月二二日付記事による）。つまり、すでに屋久島で最大の産業に成長していた観光業に対する、短期的かつ経済的な損失への懸念が否決に至った最大の理由であることがうかがえます。

　私は、かつて「エコツーリズムが日本でも徐々に浸透しつつある現在、むしろ自然環境との共生を考えながら観光をするには、屋久島は自然環境の認知度が高いだけに、…観光需要の質的向上も必然的にすすむ」と述べました（深見ほか、二〇〇三）。ところが、それから一五年以上が経過した今日の状況は、少しでもよき世界遺産観光の姿に変化していると言えるでしょうか。

　以上のような問題意識に立って、本章では屋久島を事例として、世界自然遺産の保全・承継と観光の両立をめざすエコツーリズムをよりよいものにしていくには、どのような視点で地域を見つめていく必要があるのか考えてみたいと思います。

一、「偶然性」が残してくれた自然

1　林業の衰退とまなざしの転換

二〇一九年現在、日本には世界遺産が二三件ありますが、私がそのなかでもっとも多く足を運んできたのが屋久島です。初めて訪れたのは、二〇〇二年のことでした。当時、私は大学院生で、屋久島が世界遺産に登録され間もなく十年の節目を迎えるとともに、観光客が急激に増えていた時期でもありました。私が在学する鹿児島大学や国際連合大学などの先生方の研究チームが、世界自然遺産の保全と、それら本物に触れたいと願う観光客の受け入れのバランスをどのように図っていくべきかについて、大規模な調査をおこなっており、私はかばん持ちを条件に同行を許されたのです。おかげで、先生たちがさまざまな聞き取り調査をおこなう際に、横で一緒に話を聞くことができました。それ以降、私が本格的に世界遺産と観光について勉強してみようと思うきっかけとなった場所です。

本節のタイトルに掲げた「偶然性」は、実は日本の世界自然遺産のなかでもとくに屋久島では、保全の一辺倒という流れがずっと続いてきたわけではない点が重要になります[1]。

---

[1] 屋久島と同時に世界自然遺産となった「白神山地」も、一九八〇年代前半までは青秋林道の建設などが計画され、むしろ自然環境の保全を求める動きはかなりの少数派であった。

私たち人間は、さまざまな時代背景によって、さまざまな価値観を持つ存在です。たとえば、日本がバブル景気に沸いていた時期には、山林を切り開いてゴルフ場をつくるとそこに多くのプレーヤーが訪れることで施設や周辺のまちが潤い、さらにゴルフ場の価値が上がるといった具合に、いわゆる大型リゾート開発が当たり前の感覚として存在していました。しかし、今は国内での新たなゴルフ場開発はほとんどみられません。バブル崩壊によって、この開発モデルが立ち行かなくなりました。ゴルフプレーヤーの減少も背景にあるでしょう。

屋久島では、長い間、もっともさかんだった産業が林業でした。樹齢千年以上の杉を「屋久杉」と呼ぶのですが、そのすぐれた材質は、たとえば鹿児島市にある島津家の別邸・仙巌園《せんがん》の御殿建造にあたりふんだんに用いられていることからもうかがえます。屋久杉は屋久島の主要産品として、近世から戦後直後にかけて安定して多くの需要があり、出荷のためのトロッコ鉄道網も延伸するほど活況を呈しました。ところが、高度経済成長期に入ると、海外から安価な木材を大量に輸入するようになり、どうしてもコスト高になってしまう屋久杉の出荷は減少へと転じます。その結果、屋久島の林業は衰退し、かんきつ類など農業への産業構造の転換が起きました。ところが、そのことが数十年の時をへて屋久島の自然環境が再評価されるわけです。仮に、戦後直後のような伐採がずっと続いていたとしたら、屋久島は世界遺産ではなかった可能性も考えられます。一九九三年に登録されたとき、私たちは当たり前のように屋久島の自然は素晴らしいと認識しましたが、背景に偶然と形容したくなる数奇な運命をたどったことを忘れてはいけません。

同様に、世界遺産登録エリアにふくまれる西部林道地域もそのような偶然性を考えるには適地と言えます。屋久島の野生生物であるシカやサルが日常的に道路を横切るので、自然との距離の近さを実感できる林道区間が続きます。しかし、車で通行するときには、見通しが悪かったり、道幅がせまかったりするので、要注意です。今でこそ、自然を体感できる空間が観光客の人気を集めていますが、一九八〇年代、この区間の道路を改良して、屋久島を一周しやすくするスーパー林道計画が検討されました。その後、さまざまな理由があって、一九九七年に現状維持の方針へと転換します。大きな背景の一つとして、バブル経済の崩壊を無視することはできません。バブル崩壊後、とくに一九九〇年半ば以降は、国にとどまらず地方自治体も予算の削減や節約、つまり緊縮財政へと転換をせまられました。つまり、バブル期のような大型開発が非常にしにくく（できなく）なっていきます。そのため、今では屋久島の世界自然遺産エリアのなかでも身近に自然環境の恵みを感じる区間として、重宝されているのです。

2　価値転換につながった人びとの思い

これまでみてきたように、屋久島の自然環境が残ったのは、たしかにさまざまな偶然性が作用したという側面も大きいのですが、林業の衰退やバブル経済の崩壊した後に、屋久島の自然環境を大切に保全・承継していこうと価値転換に積極的に取り組んだ多くの島民の存在も忘れてはならないと思います。

また、さらに補足をすると、高度経済成長期に入り、次第に林業が衰退していくなかにあって、屋久島の自然環境は、一九六四年に霧島屋久国立公園の一部に指定されています。また、その三年後、一九六七年一月一日付の南日本新聞の一面トップで、縄文杉の「発見」の報道がなされました（写真二―三）。この報道のもたらしたインパクトは大きく、多くの人びとが屋久島の自然環境に注目するようになります。

二、屋久島におけるエコツーリズム

そう考えると、私たちが屋久島観光の目玉の一つに挙げる縄文杉が多くの人が知る存在となったのは、ここ約五〇年であることがわかります。また、屋久島が世界遺産に登録される一九九三年からさかのぼること一二年前には、同じユネスコの制度である、「ユネスコエコパーク」（生物圏保存地域）にも指定されています。このような知名度の高まりをへて世界遺産登録というできごとがありました。日本ではとくに世界遺産というブランド力は大きなものがあり、これ以降に、観光客が顕著に増加していったのです。それに歩調を合わせるように、一九九〇年代半ばからエコツアーガイドが増加傾向をたどります。エコツーリズムを推進する前面に立つ担い手の増加は、世界遺産観光という新たな看板が加わったことを反映していると思われます。

屋久島を目的地とする旅行商品のパンフレットやインターネットでの宣伝をのぞいてみると、その名のほとんどに「エコツーリズム」または「世界遺産」という言葉が登場します。しかし、エコツアーをうた

写真 2-3　屋久杉自然館にある 1967 年元日の南日本新聞 1 面のパネル. 2018 年 8 月 24 日撮影.

う商品が、その理念にもとづいた旅程になっているかというと、残念ながらそうとも言い切れない現実があります。

同様のことは、日本のほかの世界自然遺産登録地でも指摘されます。とくに、環境保全と観光を両立させていくには、遺産は一度劣化してしまうと原状回復が非常に困難な「不可逆的な存在」であることを、十分に念頭に置く必要があるでしょう。

1 エコツーリズムの理念と実情

表二―一、二は、屋久島および日本でのエコツーリズムに関する動向を整理したものです。

日本では、一九九〇年に環境庁の報告書『熱帯地域生態系保全に関する取組について』においてエコツーリズムが提唱されたことに端を発します。また、同じ年に環境庁がおこなった『国内エコツーリズム推進方策検討調査』で、他の四か所（知床・立山・奥日光・八丈島）とともに屋久島も推進地区の一つに選定されました。屋久島が、日本におけるエコツーリズムの「先進地」と呼ばれる理由になります。

二〇一〇年代前後には、屋久島に職業として従事するエコツアーガイドは約二〇〇名いるとされ、IターンやUターン移住者もふくむ島民にとって貴重な雇用の機会が生まれました。屋久島の持続的な観光と環境保全との両立を図るエコツーリズムの展開の中核となる人材です。

ガイドの存在は、屋久島を訪れる観光客にとって、エコツーリズムがもつ本来の理念を具体的に形にしてくれる点に大きな意味があります。また、自然環境への負荷や過剰な利用をうまくコントロールしていくには、ガイドはもとより、観光客の意識やモラルに負うところも大きいでしょう。

屋久島ではガイドの登録・認定制度が導入されています[2]。観光客の急増した二〇〇〇年代には、一部のガイドによる世界遺産登録区域外の照葉樹林における藪こぎ体験による森林の荒廃や、観光に直接かかわりの少ない島民の無関心、永田浜での自主的な適正利用ルールの運用に対する一部の観光客の無理解といった現実に直面していました。これに関連して、持続的なエコツーリズムの展開にむけた心構えについて、琉球大学教授の宮内久光氏は、次のような視点を示しています（宮内、二〇〇三）。

「エコツーリズムを導入すると、自然が守られ、観光業が発展し、経済効果が出てくるだろうと、（安易に）一石二鳥も三鳥も期待をすると、期待をする分だけ落胆も大きいだろう。エコツーリズムは何でも効く地域振興の万能薬ではないのである。

むしろ怖いのは、エコツーリズムによる経済効果を追求する余り、地域の自然環境や地域社会に悪影響を与える危険性が高いことである。エコツーリズムを導入するときは、徹底した管理のもとで慎重に行う必要がある。その際には、……環境容量を設定し、容量設定の後でも、環境に負の影響の兆しが認められた場合には、当初設定した容量を直ちに縮小変更（下方修正）できるようにすべきであろう。」（括弧内は深見加筆。）

「オーバーユース」に陥らないための適正利用（環境容量）の設定は、観光客の増加と自然環境への影響という現象が、地域ごとの生態系によりそれぞれに特徴があるために、簡単に数字で線引きするにはなじみにくく、ある程度の試行錯誤がともなうのはやむを得ない側面があります。一方で、何らかの影響が

表 2-1　日本におけるエコツーリズムの動向

年	できごと
1987	・日本環境教育フォーラム（JEEF）が発足。
1990	・環境庁、エコツーリズムを提唱（『熱帯地域生態系保全に関する取組について』の報告書で熱帯林生態系を保護するためにエコツーリズムを提唱）。
1991	・環境庁、国内エコツーリズム推進方策検討調査開始（知床、立山、奥日光、八丈島、屋久島、西表島が対象地に）。
1992	・世界遺産条約に加盟。
1992 〜	・エコツアーを実施する民間事業者が全国で活動を活発化（屋久島、西表島、軽井沢、知床など）。
1993	・JATA（日本旅行業協会）が「地球にやさしい旅人宣言」を発表。
1994	・（財）日本自然保護協会が「エコツーリズムガイドライン」を発表。
1995	・JATA、エコツーリズムセミナー開催。 ・運輸省、国内観光促進協議会エコツーリズムワーキング・グループを設置。
1996	・西表島エコツーリズム協議会設立。 ・IUCN（国際自然保護連合）、第 2 回東アジア国立公園保護地域会議を開催。
1997	・『エコツーリズム研究会レポート集』発行。
1998	・日本エコツーリズム推進協議会（現：日本エコツーリズム協議会）設立。
1998	・北海道エコツーリズムを考える会（現：北海道エコツーリズム協議会）設立。
1999	・屋久島エコガイド連絡協議会設立。
1999	・東村エコツーリズム協会設立。
2000	・自然体験活動推進協議会設立。
2000	・磐梯エコツーリズム研究会設立。
2002	・沖縄県で、エコツーリズム国際大会開催。
2003	・エコツーリズム推進会議開催（〜 2004）。
2004	・環境省がエコツーリズム推進事業を開始。
2006	・観光立国推進基本法が成立（翌年施行）。
2007	・エコツーリズム推進法が成立（翌年施行）。
2008	・国土交通省に観光庁発足。
2009	・第 1 回全国エコツーリズム学生シンポジウム開催。 ・埼玉県飯能市がエコツーリズム推進法にもとづく全体構想認定第 1 号となる。 （最新の認定地である、2018 年 9 月の赤城山地域を含め、全国で 15 地域の全体構想の認定がなされる。）

屋久島世界遺産センター HP をもとに作成.

表 2-2　屋久島におけるエコツーリズムの動向

年	できごと
1972	・屋久島の林業のあり方をめぐり、地元有志からなる「屋久島を守る会」が結成。
1981	・屋久杉の保全を方針とする「第 4 次地域施業計画」策定。 ・屋久島がユネスコエコパークとなる。
1985	・屋久島ウミガメ研究会、永田浜でのウミガメ調査活動開始。
1986	・「屋久杉の里整備事業」の開始（旧：屋久町）。→『屋久杉自然館』の建設（1987 ～ 89）
1989	・地域のイメージコンセプトとして「スーパーネイチャー屋久島」を打ち出した「林地活用計画」策定（旧：上屋久町）。
1992	・鹿児島県、自然と人との共生をうたった「屋久島環境文化村構想」発表。
1993	・「屋久島環境文化財団」設立。 ・林野庁、森林環境整備を推進するための協力金制度を導入。 ・「屋久島憲章」制定（旧：上屋久、屋久両町）。 ・日本初の世界自然遺産に登録。
1994	・「屋久島山岳部利用対策協議会」が発足。
1995	・「足で歩く博物館を作る会」が発足。 ・永田ウミガメ連絡協議会による有料のウミガメ観察会開始。
2000	・町道荒川線車両乗入れ規制（期間限定）開始 。
2002	・「YAKUSHIMA マナーガイド」の作成。 ・島内の関係機関等による「エコツーリズム支援会議」の設置 →『屋久島エコツーリズムの推進のための指針及び提案等』作成。
2003	・「屋久島地区におけるエコツーリズム推進モデル事業」の実施（環境省、2005）。
2004	・「屋久島地区エコツーリズム推進協議会」発足。
2005	・地元有志中心の任意団体「屋久島まるごと保全協会」設立。 ・永田浜がラムサール条約湿地に登録 。
2006	・「屋久島ガイド登録制度」が開始 。
2007	・上屋久町、屋久町が合併し、屋久島町誕生。
2008	・「屋久島山岳部保全募金」制度を導入。
2009	・「永田浜ウミガメ観察ルール 2009」の策定。 ・山岳部で携帯トイレ導入開始。 ・「屋久島町エコツーリズム推進協議会」が発足。 ・「マイバック持参運動及びレジ袋有料化に関する協定」が締結。
2010	・町道荒川線車両乗入れ規制（オンシーズン全期間）開始。 ・エコツーリズム推進法にもとづく「屋久島町エコツーリズム全体構想（素案）」を作成。
2011	・大株歩道、西部地域、永田浜の利用調整を盛り込んだ「屋久島町自然景観資源の利用及び保全に関する条例案」が町議会で全会一致による否決。
2012	・屋久島国立公園が誕生。
2016	・ユネスコエコパークに口永良部島が拡張登録され、屋久島・口永良部島生物圏保存地域に改称。 ・「屋久島公認ガイド制度」が開始。 ・「屋久島山岳部利用のあり方検討会」が発足。
2017	・「屋久島山岳部保全利用協議会」が発足。 ・条例にもとづく「世界自然遺産屋久島山岳部環境保全協力金」を導入。

屋久島世界遺産センター HP をもとに作成 .

目に見えて進行してからではなく、日頃より現場に立つエコツアーガイドや生物や地学、地理学などの専門家が、影響のきざしを確認した場合は、柔軟に容量の見直しをおこなうことが求められます。

2　環境保全の意味を知る機会となるエコツーリズム

世界遺産条約は観光振興を目的に掲げてはいませんが、現実に世界遺産に多くの観光客が訪れています。本来の保全との両立を模索する観光であることが重要です。

ユネスコ世界遺産委員会は、開発途上国の雇用創出の効果に注目した、『世界遺産を守る持続可能な観光計画』を二〇〇一年に発表しました。

屋久島でも、観光客の増加を、むしろエコツーリズムの展開といった地域における経済活動にとどまらず、「なぜこの遺産を守る価値があるのか」といった、環境保全に対する関心喚起の機会としてとらえることが肝要です。むしろ、世界自然遺産への登録が引き金となって保全はおろか劣化を招くというジレンマに陥らない工夫を、つねに希求していくべきでしょう。

---

[2] 二〇〇六年から屋久島町エコツーリズム推進協議会が制度化した「屋久島ガイド」は、安全配慮に重点をおいたものであった。しかし、同時期に屋久島観光協会に登録しているガイド約一六〇名のうち、「屋久島ガイド」へ登録しているのは八七名（二〇一七年三月現在）と約半数にとどまっていた。そこで、「屋久島ガイド」を「登録ガイド」に改称し、くわえて新たに「認定ガイド」と「屋久島公認ガイド利用推進条例」（二〇一六年四月施行）により屋久島町が制度化した「屋久島公認ガイド」という、専門性や初心者、リピーター、インバウンドなどに対応したガイド制度を構築している。

三、屋久島における「受益者負担」の検討―質問紙調査から読み解く

私は、二〇一九年一月に、ゼミ生の藤原千星さんとともに、屋久島町環境政策課に質問紙調査をおこないました。エコツーリズムの推進と世界遺産をふくむ自然環境の保全の両立を掲げる屋久島では、近年になり、条例にもとづく入山協力金制度の導入や、日本一のウミガメ産卵数を誇る永田浜の保全に尽力してきたＮＰＯ法人屋久島うみがめ館が担い手不足を理由に一時は団体の解散を発表するなど、さまざまな動きがありました。それらに関する質問への回答を紹介しながら、屋久島のエコツーリズムのこれからについて考えてみましょう。

1　条例にもとづく入山協力金の導入による成果と課題

【屋久島町の回答から】

成果については、前身の募金制度のときと比べて収受額が増えたことで、収受額のみで山岳トイレのし尿搬出の費用が捻出できるようになったことが挙げられる。

課題としては、対象者が観光客をはじめすべての入域者としているために、島民であっても減免となっていないことから、これまで無料で行くことができた山岳部が有料になったとの声が聞かれる。この点は、山岳トイレのし尿搬出の費用を受益者負担で求めていることが、島民にはまだ浸透しきれていないという理由が考えられる。すなわち、単なる通行手形のような入山料を徴収しているとの誤解が背景にあると認

識しており、必ず登山バスの車内で、運転士やガイドが協力金の趣旨を説明するよう指導している。また、二〇一八年夏に実施したアンケートでは、納付率は九〇パーセント以上、そのうち約七〇パーセントは、協力金の使途を理解し納付しているとの結果になり、環境意識の表れと評価される。

入山協力金（屋久島山岳部環境保全協力金）は、登山道に向かうバス料金と一括して支払うケースが多いものの、協力金の趣旨について説明を徹底しており、協力への理解を得たうえで納付してもらう努力が重ねられています。初年度の収受率は九〇パーセント超と高い割合になりましたが、今後、かつて導入していた任意の募金制度と同じように、年を経るごとに納付率が減少していくことも想定しておく必要があります。入山協力金制度では、協力者証を提示することで、島内でさまざまなサービスを受けることが可能になるなど、協力者もメリットを感じるような工夫が図られています。しかし、それでも低下傾向に歯止めがかからない場合は、条例にもとづく協力という任意制から、地方税（法定外普通税）の導入なども検討していくことは重要です。

屋久島への入り込み客数は、二〇〇七年度の約四〇万人をピークに減少傾向が続いていますが、近年は二〇万人台半ばで底打ちしたような状態です。引き続き受益者負担の観点をふくめ、多くの協力のもと環境保全への資金を投じることで、観光客も快適に自然環境へのふれあいの場が確保され、屋久島のエコツーリズムがさらに持続的なものへと進化していくと思います。

2　永田浜におけるウミガメ保全制度の模索

永田浜におけるウミガメの保護と観察会など観光との両立について、当事者である島民の間では、エコツーリズム推進法にもとづく入域料導入の検討がなされています。そこで、現時点で屋久島町や議会の場で、具体的な検討がなされているか質問してみました。

【屋久島町の回答から】

庁内で導入を検討しているものの、議会上程までは至っていない。現時点では、ウミガメが多く上陸する永田浜のある永田集落の代表者等と議論をしている段階である。

屋久島が世界遺産に登録されて以降、永田浜を訪れる観光客は増加し、山岳部とは異なり比較的容易にアクセスしやすいこともあって、屋久島でも有数の観光対象になっています。同時に、ウミガメのフラッシュ撮影や、砂浜への無秩序な立ち入りによるウミガメの産卵やふ化に与える影響の懸念が広まりました。

二〇〇九年、ウミガメの保護と永田浜の適正利用を目的に、「永田浜ウミガメ観察ルール」が策定されます（写真二―四）。このルールでは、ウミガメの産卵期・ふ化期は、夜間に浜への自由な立ち入りを制限し、観察にあたってのマナー事項を教えてくれます。しかし、あくまでも自主ルールであり法的な強制力はありません。今後も、ウミガメの保護と利用（観察）の両立を図るため、永田浜を訪れる観光客にルールを順守してもらい、さらにルールのブラッシュアップを図っていくことが望まれます。

また、ウミガメの上陸・産卵個体数やふ化率の把握など、活動の核を担ってきたNPO法人屋久島うみがめ館は、二〇一八年三月、同年末で解散することを発表し、ウミガメの保全と観察など永田浜の環境保全活動が危機に直面しました（西日本新聞二〇一八年三月三日付記事による）。ピーク時には、ボランティアスタッフもふくめて七〇人余りいた同館のメンバーは、近年では参加者の減少と高齢化に直面し、数人での活動を余儀なくされていたためです。ウミガメが上陸、産卵してふ化する五月下旬から八月下旬の毎日、日没から明け方まで永田浜をパトロールしたり、卵の流出や人が踏まないように、浜の奥側への移動や清掃活動、地域の小学校での環境教育にも積極的に取り組んだりと、国内外に知られた存在でした。しかし、担い手となる若手人材の不足という、多くのＮＰＯや離島地域でとくに課題となっている事態に直面したのです。例年、台風が接近すると、波で浸食されそうな場所から卵を掘り返し、安全な場所へ移していましたが、二〇一八年は活動を縮小せざるを得ず、今回は断念しました。そのため、台風七号が接近した同年七月二〜三日にかけて、永田浜の一部を波が浸食し、全体の四分の一にあたる約一三〇の産卵巣から約一万五千個が海に流出する惨事にみまわれたのです（朝日新聞二〇一八年七月三日付記事による）。

ところが、同年一二月一六日に、屋久島うめがめ館は鹿児島県庁で会見を開き、一転して「存続」の決定を発表しました。以下は、屋久島うみがめ館が存続を決めるに至った理由について、公式Ｆａｃｅｂｏｏｋページにある内容をもとに要約したものです。

①うみがめ館の活動を新たに担う二名のスタッフが決まった。ただし、次回の定期総会までに運営費の確保が明確に示されることが必要。

②うみがめ館が解散した場合、ウミガメの保護と詳細な生態調査をおこなう機関がないこと。とくに、ウミガメ保護に

写真 2-4　永田浜. ウミガメの卵の踏圧を防止するため保護柵が設置されている. 2018 年 8 月 24 日撮影.

関して、観光資源としての「オーバーユース」のおそれがあり、浜の監視役としての当法人の存在が、それらを抑止するために不可欠。

③屋久島町が、二〇二〇年を目標にエコツーリズム推進法による認定地域となることで、ウミガメ観察会について、将来的には町が直轄しておこなう可能性があり、その運営費用は地域自然資産法を根拠とした入域料を充てることも想定される。これらの制度を運用することになれば、新組織を設立する必要性から、ウミガメに関わる行政機関、地域団体や当法人も参画する見込みである。その際、当法人の役割は大きく、これまで蓄積してきた生態調査・保護、環境保全、研究、教育機関への啓発活動、観察会スタッフへの指導助言の役割を果たしたい。今後、ウミガメに関する諸事項を担うために、当法人が新組織に果たす役割は非常に大きいと判断した。

二〇一九年三月二一日、屋久島うみがめ館が運営していた展示資料室（写真二―五）が一年半ぶりに開館しました。ウミガメの生態系を中心に、豊富なパネルやはく製などの展示のほか、オリジナルグッズの販売もなされています。永田浜に足を運ぶときには、ぜひ一度こちらに立ち寄ることをおすすめします。そのうえで、永田浜を訪ねると、保全と観光の両立の必要性が実感をもって伝わると思います。

3　エコツーリズム推進に関する検討中の政策

最後に、屋久島において、環境保全と観光との両立を指向した新たな制度の検討状況について質問してみました。

【屋久島町の回答から】

二〇二〇年度の策定完了を目標として、おもにつぎの三点について検討中である。

①屋久島町エコツーリズム推進全体構想

②地域自然資産法地域計画

③屋久島・口永良部《くちのえらぶ》島生物圏保存地域管理運営計画

二〇一一年に、縄文杉への立ち入り制限を屋久島町議会が全会一致で否決したことにより、エコツーリズム推進法にもとづく全体構想の認定地域への検討は中断していました。その後、二〇一八年二月に開催の「全国エコツーリズム大会in屋久島」において、再び認定地域をめざしていくことを宣言しています。今後、本法の全体構想を策定していく段階では、観光業の関係者や公共機関に限らず、広くNPOや島民の参画がなされることを願っています。

地域自然資産法地域計画は、地域自然資産法（二〇一五年四月施行）に入域料を法的に明文化されたことをうけ検討中です。任意や条例による協力金の制度を運用してきた屋久島町の取り組みへの、さらなる後押しとなることが期待されます（吉田、二〇一六）。

屋久島・口永良部島生物圏保存地域管理運営計画は、ユネ

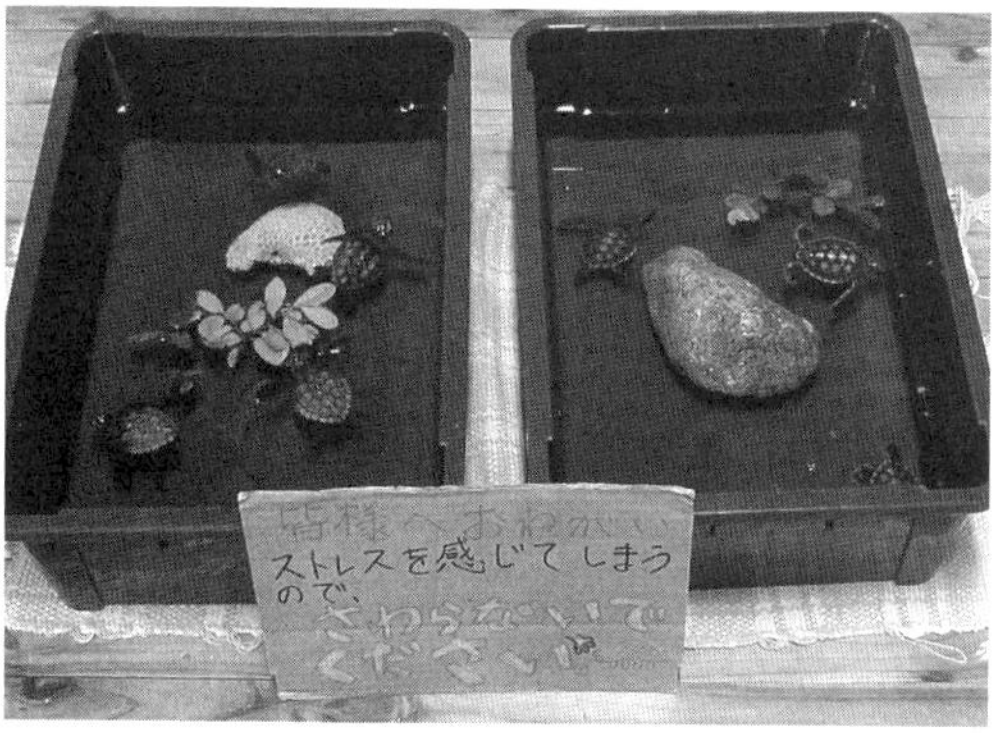

写真 2-5　屋久島うめがめ館展示資料室では、飼育中の子ガメ観察もできる. 2011 年 9 月 10 日撮影.

スコが一九七六年に制度化した「生物圏保存地域」（ユネスコエコパーク）の充実を目指したものです。世界自然遺産が、「顕著な普遍的価値」を有する遺産を保全することを目的としているのに対して、ユネスコエコパークは、生態系の保全と持続可能な利用の両立を掲げているのが特徴と言えます。屋久島は、一九八〇年に登録され、二〇一六年に口永良部島をふくむ範囲に拡張されました。その結果、つぎのような三つの効果が期待できます。

①国有地・山岳部だけでなく、口永良部島もふくめた屋久島町の全域を対象としてユネスコの事業が展開できるようになります。つまり、世界自然遺産の登録範囲外の地域でも、自然環境とそれらに育まれた人間環境（文化、歴史など）を活かした取り組みが推進しやすくなります。

②日本には、「他に世界自然遺産と重なっての登録地域はない」「他に離島での登録地域はない」「ユネスコエコパークを構成する自治体が屋久島町の一つである」といった、他地域にはない優位性を活かし、エコツーリズムや特産品の開発、環境教育などの新たな取り組みを円滑に図ることできます。

③ユネスコエコパークの目的は、「屋久島憲章[3]」が掲げる「人と自然の共生による地域づくり」の考えに合致しています。単に法律による規制の施策ではなく、島民や企業団体など民間からの参画のさらなる推進が求められます。

おわりに

二〇一一年六月、屋久島町議会が「屋久島町自然観光資源の利用及び保全に関する条例」案を全会一致で否決したとき、私は改めて世界遺産の目的と環境保全を指向するエコツーリズムの両立をはかることのむずかしさを感じました。立ち入り制限は「オーバーユース」の軽減につながるため、論理的には賛同できても、観光客の減少や損失額の見込みを数字として突きつけられたとき、地域経済への影響を懸念する声が大きくなる現実があるからです。世界自然遺産とエコツーリズムがそれぞれもつ本来的な意味や役割が、屋久島全体で広く共有される余地はまだまだありそうです。

それから年月を重ね、屋久島はふたたびエコツーリズム推進法による認定地域となることを目指したり、条例による入山協力金制度を創設したりといった新たな動きがみられました。すでに屋久島での観光産業は島内最大の生産規模になっています。エコツーリズムを掲げ、世界遺産であることが大きなブランドと

[3] 一九九三年に、当時の屋久島にあった上屋久町・屋久町の両議会が制定した。両町が合併して屋久島町となって以降も継承されている。前文ののちに、以下の四つの条文からなる。「一、わたくしたちは、島づくりの指標として、いつでもどこでもおいしい水が飲め、人々が感動を得られるような、水環境の保全と創造につとめ、そのことによって屋久島の価値を問いつづけます。二、わたくしたちは、自然とのかかわりかたを身につけた子供たちが、夢と希望を抱き世界の子供たちにとって憧れであるような豊かな地域社会をつくります。三、わたくしたちは、歴史と伝統を大切にし、自然資源と環境の恵みを活かし、その価値を損なうことのない、永続できる島づくりを進めます。四、わたくしたちは、自然と人間が共生する豊かで個性的な情報を提供し、全世界の人々と交流を深めます。」

して確立している以上、今後のあり方について地道な合意形成と、さまざまな制度への理解と信頼を高めていく必要があるでしょう。

ところが、二〇一九年二月、屋久島山岳部保全利用協議会の元職員が、入山協力金と登山バス料金から約三千万円を着服していたことが発覚しました（南日本新聞二〇一九年二月二五日付記事による）。観光客の善意を踏みにじる事件は、これまで約二年間積み重ねてきたこの制度への信頼が水泡に帰すことになりかねず、残念でなりません。毎年三月に運行を開始する登山バスの利用者に対して、二〇一九年は当初、協力金の支払いの呼びかけを自粛するなど影響が生じています[4]。「環境保全に使われるなら」と、せっかく定着するかにみえた資金循環の仕組みが、一職員のギャンブル流用で瓦解してはなりません。元来が「強制」ではなく「任意」であるだけに、協力金の収支や使途の毎月単位での公表など、事務局の透明性確保を図り、信頼回復を第一に考えた対応が求められます。

屋久島は、日本におけるエコツーリズムのトップランナーとして多くの注目を集めてきました。また、日本初の世界自然遺産登録地として、高い知名度を得ることとなり、旅行会社や民間シンクタンクが発表する「行ってみたい」あるいは「もう一度行ってみたい」世界遺産ランキングでは、つねに一位や上位に位置しています[5]。このように、人びとの心を惹きつける魅力あふれる屋久島であり続けてほしいと願っています。

[4] 協力金への呼びかけは、同年四月一九日より再開した。しかし、仮に納付率に大きな変化はなくとも、入山者の「信頼」は金銭で得られるものではない。

[5] 『旅行年報二〇一八』（二〇一八年一〇月、日本交通公社刊）によれば、屋久島をふくめた鹿児島県は、国内旅行で自然観光として足を運びたい地域として第三位と近年上昇傾向にある。なお、第一位の北海道、第二位の沖縄県は、三位以下の地域を大きく引き離す回答数を獲得している。

参考文献

佐藤剛弘（二〇〇九）：『「世界遺産」の真実―過剰な期待、大いなる誤解』祥伝社.

深見聡・坂田裕輔・柴崎茂光（二〇〇三）：屋久島における滞在型エコツーリズム―地域住民との連携を主軸とした確立可能性、島嶼研究、四、四一―五五頁.

深見聡（二〇一二）：地域と観光―屋久島の現状から考える（環境政策研究会編『地域環境政策』ミネルヴァ書房）、一六五―一七八頁.

真板昭夫・高梨洋一郎（二〇一一）：エコツーリズム推進法と新たな展開（真板昭夫・石森秀三・海津ゆりえ編『エコツーリズムを学ぶ人のために』世界思想社）、三〇九―三一八頁.

宮内久光（二〇〇三）：沖縄県におけるエコツーリズムに関する基礎的研究、人間科学一一、八三―一一二頁.

盛山正仁編（二〇一六）：『地域自然資産法の解説』ぎょうせい.

吉田謙太郎（二〇一六）：自然公園地域への入域料に関する考察、環境経済・政策研究、九（二）、四七―五〇.

第三章　「明治日本の産業革命遺産」と軍艦島クルージンク

はじめに

日本は、本格的な人口減少および超高齢社会の渦中にあります。二〇一四年九月、安倍晋三内閣は「地方創生」の言葉を掲げて、東京一極集中を緩和し、地方の人口減少や活性化といった課題に向き合うことにしました。首都圏と地方の人口・雇用格差の縮小を目的とした施策の推進の一方で、その効果は限定的であることを指摘する識者も少なくありません。そのなかで、観光による交流人口や経済活動の新たな創出に期待が集まっているのです。たとえば、この章で取り上げる端島《はしま》（軍艦島）の位置する長崎市は、最近二回の国勢調査で、県庁所在都市のうち人口流出者数がワースト（一万四二五八人／五年）となり、さらに、総務省が公表した二〇一八年の日本人の人口移動報告による転出者数二三七六人は、全国でワーストを記録しました。高齢化のすすむ長崎市は斜面地に住宅が多く、バリアフリーにはほど遠い坂道を高齢者が行き来するのは大きな困難をともないます。そこで、長崎市は、コンパクトシティの推進や、観光都市としての知名度の高さを活かした観光振興に活路を見出そうとしています。二〇二三年春に暫定開業予定の九州新幹線長崎ルートや、それにともなうＪＲ長崎駅周辺再整備事業の目玉であるＭＩＣＥ施設[1]などのインフラ整備や、二〇〇六年から始まったまち歩き観光の「長崎さるく」、稲佐山展望台からの眺望に代表される夜景観光などへの誘客の強化を推進しています。その結果、二〇一七年に長崎市を訪れた観光客は七〇七万人超と、四年連続で過去最高を記録しました。

長崎市の観光にとって、二〇一五年七月に「明治日本の産業革命遺産　製鉄・製鋼、造船、石炭産業」の世界文化遺産への登録は、観光客の増加という点においてプラスに作用したと考えられます。しかし、無許可上陸による立ち入り禁止区域への侵入、後述する登録時の経緯から韓国のマスコミによる無許可取材といった事案も生じています。さらに、二〇一八年七月登録の世界文化遺産・「長崎と天草地方の潜伏キリシタン関連遺産」の構成資産では、すでに教会内部の無断撮影や葬式ミサの見学、周辺道路での違法駐停車の増加などの「観光公害」がみられます。一方で、二〇一七年一月に全国公開された米国映画『沈黙』は、教会をふくむ長崎市域の世界遺産候補地への誘客にプラスに作用しています（毎日新聞二〇一七年五月一〇日付記事による）。

このように、長崎市は一つの地方自治体に、複数の世界遺産が存在する、日本では珍しい「世界遺産密

[1] 会議（Meeting）、報奨・研修旅行（Incentive Travel）、国際機関・国際会議（Convention）、展示会・見本市などのイベント（Exhibition/Event）の頭文字からの造語。人が集うことによる交流人口の増加を見込む施設の総称。

集地」となりました。よって、世界遺産観光がもたらすさまざまなインパクトを考える上で注目すべき地域と言えるでしょう。

ところで、世界遺産をめぐる政治的な思惑を無視して、世界遺産観光の持続性を担保することは困難です（鈴木、二〇一〇）。世界遺産登録の目的は、世界遺産条約の前文や第四〜六条において、われわれ人類にとって「顕著な普遍的価値」をもつ文化遺産や自然遺産を保全することと規定するものの、観光などによる地域振興は謳われていません。あくまで、遺産を訪ねる人びとの増加という現象は、副次的なものにすぎない点に留意すべきです。その意味において、世界遺産を訪ねることをメインとする世界遺産観光は、保全体制の確立と強化を図ると同時に、「政治的な思惑が背景にある世界遺産」の特性に目を向ける必要があります。

そこで、本章では「明治日本の産業革命遺産」の構成資産のなかでも、観光客の増加傾向が著しい軍艦島に注目してみましょう。具体的には、世界文化遺産への登録に至る経緯や、実際に観光客の増加していく過程で生じた、政治の分野からみた課題について明らかにしていきます。

一、世界遺産となった「軍艦島」

1　世界遺産登録までの動き

長崎港から南西に約一九キロの長崎湾内に浮かぶ端島（図三―一、写真三―一）。もとは岩礁と砂州《さす》からなるこの島は、石炭の優良鉱として幕末・維新期から知られるようになりました。最盛期の一九六〇年

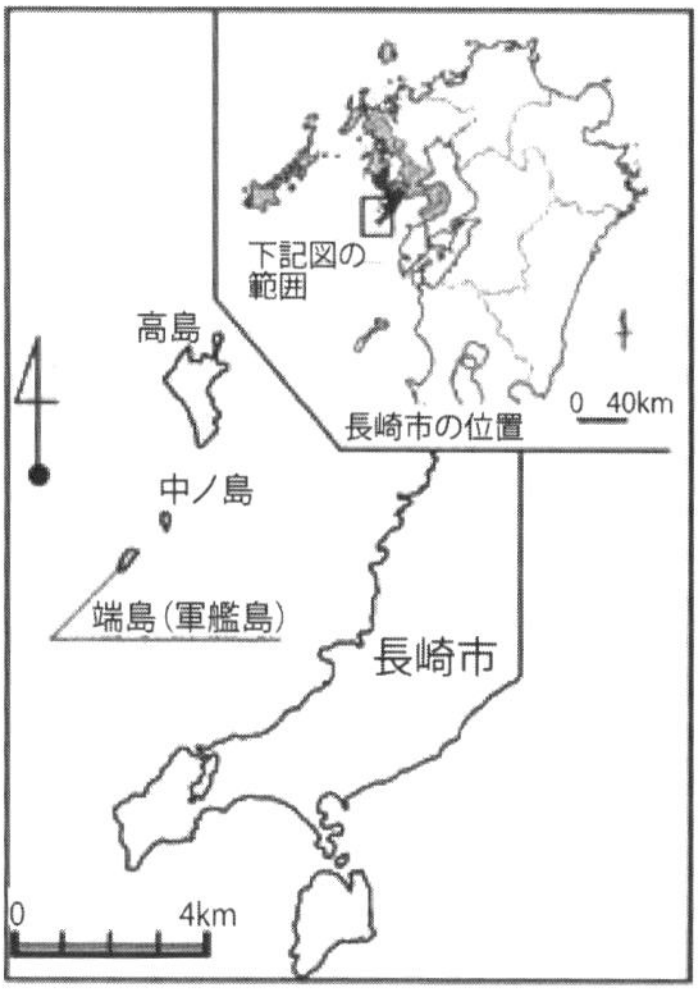

図 3-1　端島（軍艦島）の位置． 深見（2016）より．

写真 3-1　軍艦島全景． 和歌山大学教授・出口竜也氏提供．

には、人口五二六七人、人口密度は東京の約九倍に相当する一平方キロあたり八万人に上り、「島には何でもあり」とたとえられるほどのにぎわいをみせました。危険と隣り合わせとはいえ、炭坑労働者の給料は当時の平均の約二倍、家賃も風呂代も無料。当時、「三種の神器」と呼ばれ庶民の憧れの的であった白黒テレビ・洗濯機・冷蔵庫の普及率はほぼ一〇〇パーセントに達し、高度経済成長期の端島の人びとは、まさに恵まれた生活を送っていたと言えるでしょう。

端島が近代炭坑として本格的に開発されるのは、一八九〇年、端島全体が三菱に譲渡されたのを契機としています。坑道の掘削とともに、島の周囲は段階的に埋め立てられ人工的な護岸に覆われました。端島の別名「軍艦島」は、一九一六年に大阪朝日新聞が端島に建つ煙筒と人工的な護岸をさして「之《これ》を偉大なる軍艦とみまがふさうである」と報じて以降、次第に定着していきます（後藤・坂本、二〇一〇）。

軍艦島やとなりに位置する高島から産出する良質な石

写真 3-2　日本最古の鉄筋コンクリート造り高層住宅「30 号棟アパート」. 2011 年 2 月 8 日撮影.

炭は、八幡製鉄所をはじめとする国内の重工業を支えるにとどまらず、上海にも輸出され、一九世紀末の大英帝国による世界的な汽船海運網の急速な発展にも大きく貢献しています。

軍艦島を特徴づける景観として、炭坑労働者やその家族が暮らすのに必要なインフラが高密度に広がっていた点が挙げられます。その象徴の一つ、日本初の鉄筋コンクリート造り高層住宅(三〇号棟アパート。一九一六年完成)は七階建てで、現在も往時の姿をとどめています(写真三―二)。

一九六〇年代に入ると、日本では石炭から石油へのエネルギー転換の波が押し寄せます。さらに軍艦島坑内の自然発火も重なり、豊富な石炭を残したまま、一九七四年一月に端島炭坑は閉山しました。そして四月には、全島民が島を離れます。その後、二〇〇九年四月に観光目的の上陸が島の歩道約三〇〇メートルの区間に限って解禁されるまで、軍艦島は多くの人たちにとって言わば「忘れられた」存在となったのです。

転機が訪れるのは、二〇〇三年に元島民の坂本道徳氏を代表とするNPO法人「軍艦島を世界遺産にする会」が誕生し、二〇〇六年には九州各地の産業遺産を活かす取り組みをおこなうNPO相互の連携を目的とした、九州伝承遺産ネットワーク協議会が発足したことにあります。当時、私は、NPO法人まちづくり地域フォーラム・かごしま探検の会の代表として、この協議会に参加し、鹿児島県内各所にある産業遺産への関心を高める活動にあたりました。二〇〇九年一月、軍艦島をふくむ「九州・山口の近代化産業遺産群—非西洋世界における近代化の先駆け—」は世界遺産の暫定リストに記載されます。二〇一三年、遺産群は「明治日本の産業遺産」への改称をへて、二〇一五年七月に世界文化遺産「明治日本の産業革命遺産　製鉄・製鋼、造船、石炭産業」として登録に至りました。具体的には、つぎの二点の登録基準に該当すると評価されたのです。

基準二．ある期間を通じてまたはある文化圏において、建築、技術、記念碑的芸術、都市計画、景観デザインの発展に関し、人類の価値の重要な交流を示すもの。

基準四．人類の歴史上重要な時代を例証する建築様式、建築物群、技術の集積または景観の優れた例。

この遺産は、八県に点在する二三の構成資産から成り立っています。[2] 代表的な地域として、幕末にいち早く西洋技術を日本の在来技術と融合させることで製鉄や造船、紡績などを実用化した薩摩藩による旧集成館（写真三—三）、大規模な石炭産出地であった三池炭鉱、現存する日本最古の洋式高炉跡が残る橋野鉄鉱山（岩手県釜石市）がふくまれます。そのなかでも、軍艦島の端島炭坑は近代

写真 3-3　集成館事業が花開いた鹿児島市磯地区.
2008 年 12 月 20 日撮影.

[2] このように、広域に分布する遺産を一つのストーリー（物件）としてとらえることを、シリアル・ノミネーション（Serial Nomination）という。

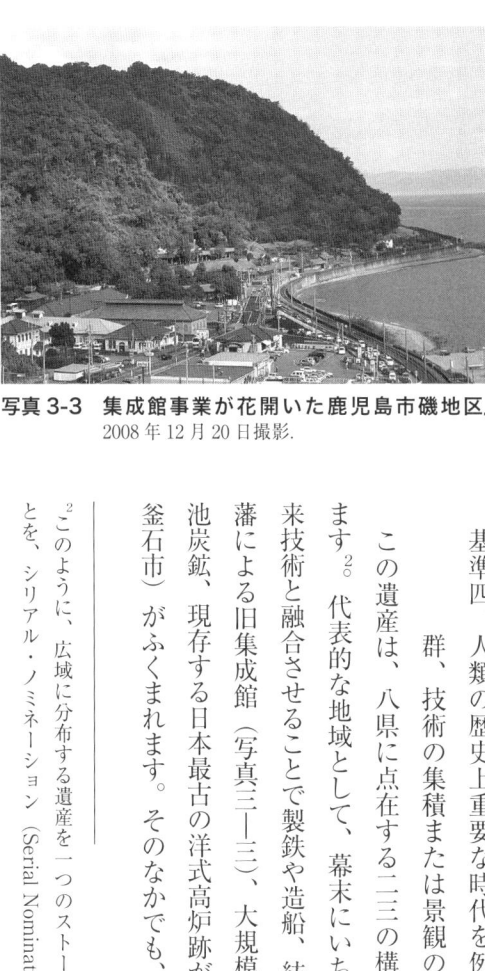

写真 3-4　軍艦島での定点ガイド.
2011 年 2 月 8 日撮影.

化のエネルギーを支えた活気にあふれる島として栄えました。

2　「大東亜戦争[3]」の記憶をとどめる軍艦島

これまで述べてきたことは、人びとの繁栄や産業の発展といった「光」の歩みとするならば、戦時下の軍艦島の歩みも直視していくべき大切な記憶と言えるでしょう。ここで注意すべきは、屋久島の場合も同じなのですが、世界遺産観光の特徴として、観光客は世界遺産のある地域に足を運ぶときに、「世界遺産の登録範囲や対象年代、世界遺産観光として登録地とその周辺地とを厳密に区別して訪ねることはなく、世界遺産とその周辺にある地域資源をふくめて観光行動をおこなう」点をよくふまえて対応することが求められます。「明治日本の産業革命遺産」の場合、世界遺産の対象の年代は一八五〇年代から一九一〇年までに限定しています。そのため、軍艦島の場合、世界遺産としての保全対象となっているのは、明治期につくられた海底坑道と護岸のみで、遺構のほとんどは大正・昭和期築で世界遺産を補完する位置づけになります。

各社が展開する軍艦島クルージングに同行するガイドの方々は、比較的に高度経済成長期の活況にわいた時期の説明に多くの時間を割いています（写真三―四）。しかし、大東亜戦争下のできごとには、積極的に触れません。私は、とくに近代化という歴史を扱うとき、「光」と同時に「影」とも呼ぶべきできごとに対して、右派や左派といったイデオロギーに関係なく正面から直視するべきと考えています。軍艦島の世界遺産登録は、期せずしてそのことを私たちに問いかけることとなったのです。

一九三七年、日中戦争が勃発すると、近衛文麿内閣は「石炭増産需給五ヶ年計画」を発表します。端島炭坑の増産も奨励され、一九三四年の約二二万トンから一九四一年度には約四一万トンに達しました。しかし戦時下で炭坑労働者が不足し始めます。そのため、一九三九年以降、女性や一六歳未満の少年の坑内労働を許可します。さらに、一九三九年に制定の国民徴用令は、内地に暮らす日本人を端島にも動員することになりました。一九四四年、国民徴用令の対象は、当時日本統治下にあった朝鮮へと拡大し、全国の炭坑などで労働にあたりました。徴用令制定以前、なかには給料など待遇面に魅力を感じて労働に就いた者もいたでしょう。一方で、彼らのなかには、軍艦島のことを「監獄島」と呼ぶ者もいたとされ、いかに過酷な労働環境のもとにあったかを想起させます。一九四三年からは中国人捕虜も炭坑労働に従事するようになり、朝鮮人と中国人が会話をしていると、炭坑の外勤係から銃を手に「近づくな」と言われ殴りつけられるようなこともあったようです。

一九四五年八月一五日、終戦の詔勅により敗戦を迎えました。これにより、朝鮮人労働者は同年一〇月までに全員が軍艦島を離れ、中国人労働者は同年一一月に、帰国の途につきました。徴用の期間に、三九名または一二二名ともいわれる朝鮮人が死亡したとの記録があります（林、二〇一〇）。この原因は、石

[3] 私たちは「第二次世界大戦」や「太平洋戦争」の名前で先の戦争について習うことが多いが、本書では、当時の戦争の記憶をよりリアルに感じるために、当時の呼びかたの「大東亜戦争」を用いる。

写真 3-5　原爆ドーム. 過去 4 回にわたり耐震補強などの保存工事がおこなわれた. 2017 年 6 月 4 日撮影.

炭増産のために急ピッチで掘削した坑道の落盤事故に日本人労働者とともに巻き込まれたり、過酷な労働により病死したりしたものと考えられています。

　現在、軍艦島にこれらの痕跡を知れる遺構や記念碑などはありません。私の見る限り、観光案内のパンフレット類への記述も皆無といえる状態です。少なくとも、軍艦島が日本の近代化を支えたという輝かしい歩みと同時に、戦時徴用をはじめ多くの人たちが刻んだ苦難の歩みとの産業遺産のもつ多面的意味も、あわせて考える必要があるでしょう。人間は過去に学ぶことで、哀悼の気持ちを抱きます。私たちは、祈り弔う行為をとおして地域への理解を深め、自らの来し方行く末を問いかけられる存在だからです。

　このような歴史的背景をもつことから、登録本審査の直前になって、世界遺産登録の可否を決定する世界遺産委員会のメンバー国の一つであった韓国の尹炳世《ユンビョンセ》外相が強硬に反対を主張しました。軍艦島や長崎造船所など、いわゆる「強制労働」がなされた対象が世界遺産となるのは、世界遺産条約の精神に反するとまで強硬な姿勢を示したこともあります。私は、大東亜戦争により厳しい労働に従事した「戦争がもたらした合法のなかの惨禍」は、決して忘れてはならない教訓ととらえています。また、原爆ドーム（一九九六年登録、写真三―五）やドイツのツォルフェアアイン炭鉱業遺産群（二〇〇一年登録）のように、戦争がもたらした負の遺産を未来への教訓として世界遺産に登録

国が登録に反対したのは、むしろ遺産の価値を近視眼的にとらえていたと批判的
きます。
治日本の産業革命遺産」の世界文化遺産の登録にあたって、日本代表団は、「一九四〇
して連れて来られ、厳しい環境で労働を強いられた」朝鮮半島出身者が多く存在したこ
深めるために、負の遺産としての側面を「記憶にとどめるため」情報センターの設置を
ています（讀賣新聞二〇一五年七月六日付記事による）。政府は、二〇一九年度中に「産
ンター」を東京都新宿区にオープンさせる予定です。
面的な歩みについて、広く発信される場が生まれることを切に願ってやみません。

る軍艦島への観光客

への上陸が解禁されて以降、島を訪れる観光客は増
を突破し、二〇一六年四月に累計で一〇
の一つ、旧グラバー住宅が
際立っていま

ィング

9784861244100
ISBN978-4-86124-410-0
C0026 ¥1200E

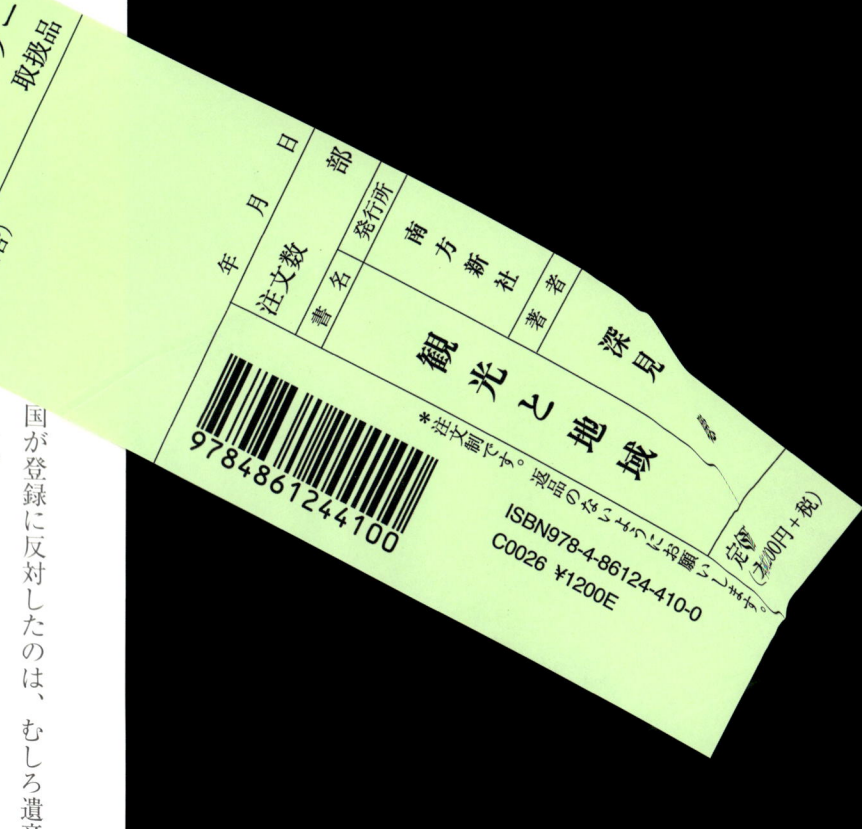

図3-2　軍艦島とグラバー園
長崎市世界遺産推進室

…と圧倒…

…あって、外国人の…

…す。ただし、彼らの多…

…のちがいを問題視する発言はほとん…

…です。ガイドの使用言語は、英・仏・中・韓国語に対…

応可能な体制が整っています。上陸解禁の決定時には、ガイドの手法が課題として指摘されていましたが、長崎さるくのガイド養成や、クルーズ事業を展開する各社が島内の定点ガイドをはじめ船窓から見ることのできる、「明治日本の産業革命遺産」のその他の構成資産（往路で三菱長崎造船所関連、復路に高島炭鉱や小菅修船場《こすげしゅうせんば》跡、旧グラバー住宅）についてもガイドで触れるといった工夫がなされています。

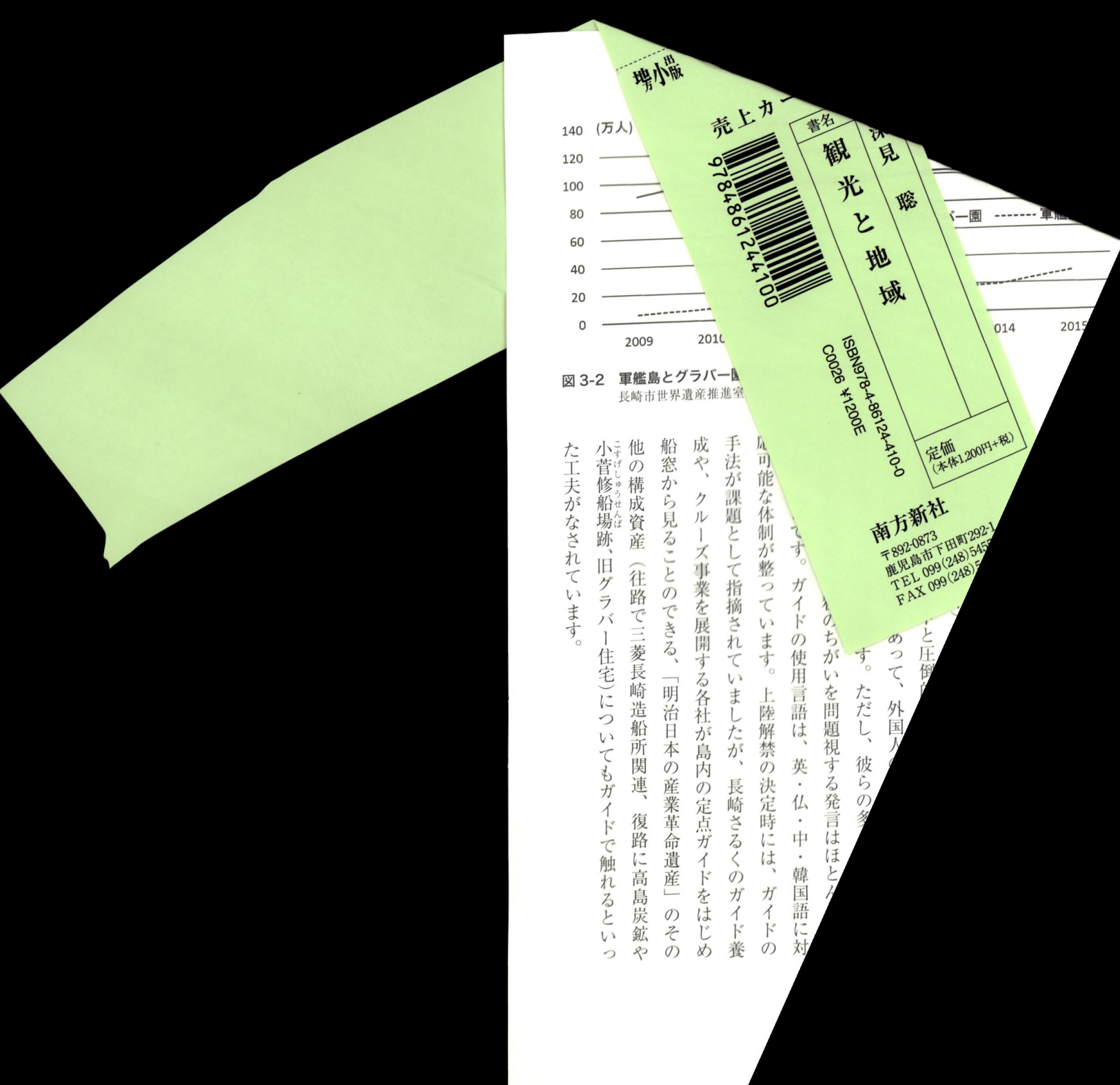

一方で、観光客の動きは、災害の発生に敏感に反応します。二〇一六年度は、世界遺産登録の翌年に起こる観光客の反動減や、熊本地震の影響で前年比マイナス九・三パーセント（約二六・五万人）にとどまったものの、累計で一二五万人を突破しました。二〇一八年一〇月の台風二五号の襲来により、護岸や観光コースに設置の柵などが大破し、翌年二月の上陸再開まで約四か月の間、上陸ができなくなる事態も起きています。

二、世界遺産登録後の軍艦島の保全

二〇一九年度中に東京都新宿区にオープン予定の産業遺産情報センターは、二〇一五年五月のイコモス（ＩＣＯＭＯＳ：国際記念物遺跡会議）による配慮勧告「各サイトの歴史全体についても理解できる計画とする」べきという内容をふまえたものになります。日本政府は、二〇一七年一二月一日までにこの点についての進捗状況を世界遺産委員会に報告することが求められていました。軍艦島を抱える長崎市は、政府の方針にもとづき対応するとし、設置場所もふくめて静観の構えをみせていました。「明治日本の産業革命遺産」の登録に直前まで反対した韓国としては、いわゆる「強制労働」のあった現地やその近くでのセンターの設置がなされないことや、展示内容への介入を求め反発しています。私は、韓国政府の主張することも一理あるとは思いますが、むしろ東京という日本の中心での産業遺産情報センターのオープンは、より多くの人たちに、本遺産のもつ多面的な意味を知ってもらいやすい立地なのではと前向きに評価しています。

また、同じく配慮勧告がなされた、構成資産の保全への悪影響を軽減するため、受け入れ可能な来訪者の上限数の明確化も喫緊の課題です。前章でも触れたように、日本では、世界遺産を観光資源と同一視しているかのような世論が根強く存在します。資産の保全が第一義的に存在することを来訪者が理解し、「よき観光者」への質的な変化が求められるのです。

来訪者の上限数について、現在まで島の所有者である長崎市やクルージング事業者からの明確な数値の提示はありませんが、軍艦島の場合、島嶼という地理的な隔絶性や厳しい波の高さ制限が事実上の来訪者へのバリアとなっています。軍艦島クルージングを担う五社のうち四社が利用する長崎港桟橋の規模を考慮しても、これ以上の船舶の大型化や運航本数の増加は物理的に難しい状況でもあります。このように、軍艦島に関しては、来訪者のアクセス手段が限定的で、上陸後の歩道エリアも厳密に定めていることから、人為的に構成資産の劣化や損壊がおよぶ可能性は低いと考えられます。二〇一六年三月、長崎市は『高島炭鉱の整備活用計画(案)』を示し、今後三〇年単位で護岸や石炭生産施設をふくむ島内の建造物の補強・保存工事の指針を示しました。今後、著しく劣化した建造物の真正性を、どの段階まで手を加えつつ担保していくべきか、十分に検討していく必要があります。

三、韓国映画『軍艦島』の波紋―日韓の報道記事から読み解く

軍艦島をふくむ「明治日本の産業革命遺産」の世界遺産登録に、直前まで反対の立場をとった韓国では、二〇一七年七月、柳承完《リュスンワン》監督の映画『軍艦島』が公開されました。この作品は「日帝強占期、われわれは

そこを地獄島と呼んだ」をコピーに掲げ、同年一月にYouTubeなどで公開された予告編映像は驚異的な再生回数の伸びを記録し（一三時間で一〇〇万回超）、映画本編の公開初日における観客動員数は韓国での記録を更新（約九七万人）しました。

ところが、映画を観た韓国人の反応は冷静なものでした。史実への脚色が過剰であることに、実際に徴用された元労働者の一人は、「映画はもう少し淡泊であるべき」と率直な感想を述べています（朝鮮日報日本語版二〇一七年八日付記事による）。また、朝鮮日報の二〇一七年八月四日付韓国語版に、「朝鮮人数百人が軍艦島脱出？　試みさえできないだろう」「五〇〇〇万人動員映画『軍艦島』気がかり」の見出しで、二〇〇四年から十一年間にわたり韓国政府の「日帝強占下強制動員被害真相糾明委員会」調査二課長を務めた鄭恵瓊《チョンヘギョン》氏のコメントを載せています。その軍艦島の特集記事で彼女は、一九三八年の国家総動員法にもとづく徴用を「強制動員」、賃金の貯金や年金積み立てを「搾取」「事実上の人身売買」と厳しい表現で評価する一方で、「映画のように集団脱出を試みたり日本軍と武力衝突したりしたという記録や証言はない。映画の後半部分は想像力の産物にすぎない」と明言しています。

また、成均館《ソンギュンカン》大東アジア歴史研究所の韓恵仁《ハンヘイン》氏は、この映画が投げかける政治的な意味を以下のように提起しました（時事週刊誌『ハンギョレ二一』二〇一七年八月号）。

「我々は大日本帝国の言語で作られた『公式資料』と体現的に作られた植民地支配の記憶というまた違った資料を組み立て、歴史を記述する。これは『軍艦島』がぶつかり、解決しなければならない問いでもある」

本映画をめぐっては、日本での報道の多くも、総じて批判的な論調が目立ちました。とくに、「想像力の産物」が混在し「事実と創作の境界」が観客に分かりにくい点や（朝日新聞二〇一七年八月一一日付記事による）、ナチスドイツがおこなったホロコーストを連想させる場面などが独り歩きし、「国際社会に対する対日プロパガンダに利用」されることを憂慮する記事もありました（産経新聞二〇一七年八月一四日付の記事による）。

長崎市が実施したクルーズ事業社への聞き取り調査によれば、映画『軍艦島』の予告編公開後、とくに二〇一七年六月以降、韓国人観光客は増加傾向にありました。しかし、私がおこなった調査では、映画の効果によるものと判断できるだけの客観的資料は存在せず、映画が本物の「軍艦島」への関心を高めることにつながったかは断言できません。また、韓国政府が問題視する戦時徴用等に関する歴史的事実の解釈のちがいに起因するトラブルは、私が長崎市に聞き取り調査をおこなったところ、観光の現場ではほとんどなく、これまで長崎市に韓国人観光客からの抗議が届いたことはないそうです。ただし、軍艦島上陸時に観光客を装った韓国人の政治活動家らが政治的スローガンを記した韓国語の横断幕を掲げ集合写真を撮影したり、韓国のテレビ局が無許可で映像の撮影をおこなったりした例がわずかながら起こっています。

四、「相互啓発」を促進するダークツーリズム

世界遺産制度から、国どうしの外交的な思惑を完全に排除することはできません。さらに、世界遺産観光の場合、「『世界遺産としての価値』と『観光資源としての価値』という二つの価値は、異なる内容」を指すことも多くなります（伊藤、二〇一七）。つまり、世界遺産観光の現場では、構成資産と周辺の関連遺産は必然的に歴史の連続性を帯びるため、軍艦島の場合も、世界遺産の対象としては一八五〇年代～

一九一〇年の構造物に限定されていますが、すでにふれたように、観光客の多くが注目する遺構の多くは、大正・昭和期のものであり、この指摘の妥当性が確認できるでしょう。

また、観光客の増加は、軍艦島という産業遺産への注目度を高め、遺構の保全に関する理解促進もおおいに期待されます。しかし、ガイドをはじめ元島民や地元である長崎市の人びとが「産業遺産の保存や活用に関わることによって、思いがけず歴史の意味づけをめぐる政治的な思惑に巻き込まれる」点も無視できません。

映画『軍艦島』は、まさにその一つの表れととらえることができるでしょう。近代化の原動力となった建造物や多くの人びとの記憶が、年月の経過により承継が困難となり次第に忘れられていくのは、「そこから得られるはずの知恵や教訓といったものすべて」を失うことにつながります（木村、二〇一七）。また、韓国が徴用をめぐる問題にのみ焦点を当てるのは、ある意味で産業遺産や世界遺産観光をめぐる議論を矮小化させる危険もはらんでいます。すなわち、近代化や産業社会の多面性としての「光」と「影」を直視する機会の損失は、相互の感情的対立が前面に立ち、事態の膠着化《こうちゃく》を招きかねません。

そのうえで、「見せ方」の工夫として、軍艦島を世界遺産としての構造物にとどまらない魅力を見出している観光客に、私は、ダークツーリズム（Dark Tourism）の視点から、日本の経済発展を支えた人びとへの感謝や、厳しい歴史に思いを寄せるといった軍艦島の持つ多くの価値の発信を提起したいと思います。徴用のほか、落盤や火災などの労働災害といった過酷な炭坑の労働環境、キリスト教信徒が島内に教会が存在しないなかで祈りをつないだ苦難の歩み[4]など、これまであまり注目されなかった「影」へスポットを当てることによって、むしろ、「光」との連続性をもって軍艦島を豊かに彩ることになるでしょう（写

写真 3-6　軍艦島の最標高にある「1 号棟」の端島神社.
2005 年 4 月 30 日撮影.

真三―六）。

韓国においても、ダークツーリズムの視点から軍政下の人権弾圧や朝鮮戦争などの戦跡などを扱う取り組みが徐々に注目を集めています（朝鮮日報二〇一七年六月一日付の記事による）。ダークツーリズムという「見せ方」をとおして、外交上の対立への緩衝効果が期待され、対象となる世界遺産観光をより深みをもったものに昇華させていくと考えられます。

[4] 軍艦島に暮らしていたキリスト教徒は、端島神社の境内に十字の文様をひそかに刻むことで、信仰をつないでいたと伝わっている。

1　ダークツーリズムとは

さて、ここで登場してきた「ダークツーリズム」とはどんな特徴があるのか、紹介しておきたいと思います。

はじめて「ダークツーリズム」の学術的な定義づけを試みたのは、一九九六年に発表された英国のグラスゴー・カレドニアン大学のジョン・レノン教授とマルコム・フォーリー教授の共著論文であることが知られています。彼らは、ダークツーリズムを「メディアによって形成されたイメージの背後にあるリアリティを経験しようという欲求ないし非人間性への個人的な結びつきを経験しようとする欲求」が動機となり、「現実および商品化された死と災害現場をめぐる、提示と（来訪者による）消費を包含する現象」と位置づけました(Foley, M. & Lennon, J., 1996)。その後、両氏によって二〇〇一年に刊行された書籍『Dark Tourism: The Attraction of Death and Disaster』が、国内外におけるダークツーリズム研究のバイブル的存在となっています。本書のなかでは、ダークツーリズムについて、「死をめぐって交錯する物語の真正性を希求する人々の観光現象」と、より簡潔化された定義が示されました。

日本における、ダークツーリズム研究の第一人者として知られる金沢大学准教授の井出明氏は、「災害や戦争をはじめとする、人類の負の記憶にまつわる場所」を訪れる観光であり、その核心には、①悲しみの共有と承継、②死を悼み、祈る（弔う）、というゲストとホストの邂逅《かいこう》が起こるものと定義しています。同時に、語義の「辺縁部分は拡大しつつある」とし、ダークツーリズムが現代社会において動態的な存在である点を強調しました（井出、二〇一八）。そして、少なくとも戦争や災害など、「死や苦しみと結びついた場所を旅する行為」（Sharpley, R. & Stone, P. R., 2009）という点で、観光学者のなかでの科学コミュニケーション上の合意が存在しています。

また、「悼み、祈る（弔う）」前提として、対象となる人びとの足跡への学びは欠かせません。学びを深める過程で、ゲストとホストに相互啓発（Interaction）が生じる可能性も有しており、よって、①②の過程は、「学び」がふくまれていると解釈できます。

日本においても、世界文化遺産の原爆ドームをはじめ、沖縄の戦跡地[5]（ひめゆりの塔や白梅の塔、平和の礎《いしじ》など）、水俣の環境教育旅行、東日本大震災の被災地における被災の記憶を承継する観光など、実質的にダークツーリズムの方法論が機能している事例は、実は多く存在しています。私は、二〇一七年二月に和歌山大学観光学部で開かれた観光学術学会第四回研究集会に参加したときに、世界のダークツーリズム研究をけん引する、英国セントラル・ランカシャー大学教授のリチャード・シャープリー氏と意見交換の機会を得ました。その際、ダークツーリズムは、礎となる定義を持ちながら、国や地域にみられる観光の特性によって、多面性を帯びつつ「辺縁部分」の拡大がすすむものという一致点を見出すことができました。

また、人類の「負の記憶」は、それらの発生要因から、次の三つに分類されています。

①人為的にもたらされたもの…戦争、テロ、社会的差別、政治的弾圧、公害、事件、事故。

（例）大東亜戦争の戦跡、米国同時多発テロ、民族・同和問題、ハンセン病療養所、天安門事件、水俣病、JR福知山線脱線事故、チェルノブイリ原発事故など。

②自然によってもたらされたもの…地震・津波・火山噴火・豪雨・豪雪・台風による災害。

③人為的なものと自然の複合的なもの…阪神淡路大震災、東日本大震災など。

したがって、軍艦島の場合は、①の性格を強く有していると言えるでしょう。

---

[5] 大東亜戦争末期に沖縄県各地で結成された学徒隊の慰霊地として、もっともよく知られているのが、「ひめゆりの塔」である。この名は、沖縄第一高等女学校の会誌「乙姫」と沖縄師範学校女子部の会誌「白百合」に由来する。同様の学徒隊として、沖縄第二高等女学校の生徒により結成されたのが、白梅学徒隊である。ひめゆりの塔と同じ糸満市内に慰霊塔が建てられており、「ガマ」と呼ばれる鍾乳洞内への立ち入りができる。

ところが、日本の観光の現場では、「ダークツーリズム」という言葉を使う人びとはまだ少数派です。理由の一つに、日本語での「ダーク」への独特のイメージが存在することは否めません。つまり、「ダークツーリズム」は直訳すると「暗い観光」となってしまうからです。しかし、本来、「観光」という言葉の「光」が指す対象は、観光の発展とともに広がりをみせています。第一章でも述べたように、「楽しみ」を目的として、観光者にとってその目的を達することが「光」となるため、「楽しみ」の多様化を考える必要があります。具体的には、「楽しみ」には、娯楽的な感情から共感といった内面的な充足に至るまで、実に広い意味がふくまれますが、そのなかに、「人びとの負の（悲しみの）記憶をめぐる」ことも位置づけられるでしょう。

また、「観光」という熟語は、紀元前四世紀に記されたとされる四書五経の易経にある、「国の光を観る」から誕生した、和製語です。ちなみに、易経を生んだ中国では、「観光」よりも「旅游」のほうが広く使われています。この日本独自の「観光」の対訳に多く充てられる英単語が「Tourism」になります。「Sightseeing」や「Travel」も類似した意味をふくみますが、それぞれ「サイトを見て回る（遊覧）」、「旅行する、移動する」という意味合いが強く、やはり「観光」には「Tourism」がもっともしっくりくる言葉です（佐竹、二〇一〇）。

このように、「観光」「Tourism」の指す範囲は拡大しており、その過程で登場してきたさまざまな観光形態の一つが、「ダークツーリズム」ということになります。ここでいう「ダーク」は決して「暗い」存在なのではなく、「あまり知られてこなかった」地域の悲しみをめぐることで観光への「深みをもたらす」存在であり、単に語感がよくないからとダークツーリズムという言葉を避けてしまうのは、地域にとってむしろ得策とは言えません。

それに、地域の「負の記憶」の承継は、輝かしい「光の記憶」にくらべるとどうしても忘れられがちです。「光と影」あるいは「正と負」は本来表裏一体の関係にありますから、「負の記憶」から地域を見つめることは、必然的に「光の記憶」も同時にとらえることにつながります。その意味でも、ダークツーリズムがもつ悲しみの共有や悼み祈る役割は、日本でも大きな可能性をもっています。

2　軍艦島のもつ多面的ストーリーを観光客へ

私は、二〇一八年一二月に、ゼミ生の渡辺未来さんとともに、長崎県世界遺産課と長崎市世界遺産推進室にそれぞれ聞き取り調査をおこないました。軍艦島のお膝元である二つの自治体は、軍艦島をはじめ「明治日本の産業革命遺産」のみどころを観光客に積極的に発信しています。そこで、今回の調査では、①軍艦島の正負の両面のストーリーを観光客に伝えることについて、②軍艦島のもつストーリーを観光客に知ってもらうための工夫について、それぞれ質問してみました。

（1）軍艦島の正負の両面のストーリーを観光客に伝えることについて

【長崎県の回答から】

県としては、「負の記憶」のみを切り取って観光客に伝えたいとは考えていない。軍艦島については、韓国人へのいわゆる「強制労働」の問題が外交問題に発展しかねず、自治体としてはそのことに踏み込んで触れることができない。

軍艦島には、世界遺産の登録の直前まで韓国の反発に苦労したこともあって、徴用や厳しい労働環境について少なくとも自ら発信していこうという意識は読み取れませんでした。すでに度重なる外交問題によって、韓国との関係は微妙な状態にあることから、「負の記憶」を観光の現場で取り上げていくことが容易ではないことがうかがえます。

しかしここで問題なのは、外交問題に発展することを懸念して、自治体が発信をおこなわないという方針は、現在、地方外交がさかんに唱えられ、各地を訪れるインバウンドの推進策とは矛盾する対応とも言えます。たとえば、長崎県内では、李氏朝鮮国からの朝鮮通信使派遣と対馬藩の歴史に由来する自治体間交流がさかんで、一九八六年には、対馬と影島《ヨンド》（現在の釜山広域市影島区）は姉妹島縁組を締結しています。二〇一二年に発生した仏像盗難事件は外交問題化し、仏像盗難の被害に遭った観音寺住職による返還を求める積極的な発言や、返還を求め集まった対馬市民の署名を受けて、対馬市は長崎県と外務省に事態打開を求め要望書を届けています。また、長崎市は戦争兵器による最後の被爆地として、核実験をおこなった国に対して、一九七〇年以降、抗議文書を駐日大使館に市長・市議会議長の連名で送付しています。米国やロシアといった核大国にとどまらず、中国や北朝鮮といった核保有国に対しては、一自治体でありつつも積極的に声を上げ続けているのです。

これらの例をみれば明らかなように、「明治日本の産業革命遺産」という世界遺産に関連することへの外交問題化への配慮は、これまで長崎県や長崎市がおこなってきた海外への対応と一貫性が見出せないと言わざるを得ません。すなわち、政府方針と自治体の方針が完全に一致することはないとしても、むしろ構成資産の存在する地域の自治体の責任として、軍艦島を位置づけ、インバウンドもふくめ増加を続ける観光客への対応がなされる必要があると思います。

【長崎市の回答から】

正負のストーリーというよりも、「歴史上の事実」をありのまま包み隠さず観光客に伝えていきたい。

この内容からは、軍艦島において、「負の記憶」から地域の足跡にフォーカスするダークツーリズムを前面に打ち出そうとはしていないことが読み取れます。私は、世界遺産がもつ「負の記憶」を観光客に知ってもらい、より「深みのある」観光をしてもらうことが重要だと述べてきましたが、自治体としては「負の記憶」という言葉は用いずに、軍艦島のもつストーリーを「客観的事実」として観光客に伝えていきたいという考えが背景にあると考えられます。

しかし、遺産の価値やその承継の意識醸成において、むしろ、「事実」をストーリーとして構築し、その内容をガイドが観光客に語ることが、軍艦島の価値の裾野を広げてくれることにつながります。つまり、戦時徴用や炭坑労働における劣悪な環境下での人びとの歩みがあってこそ、戦後の輝かしく活気ある軍艦島という存在を際立たせてくれることになります。

（2）軍艦島のもつストーリーを観光客に知ってもらうための工夫について

【長崎市の回答から】

スマートフォンアプリを活用したり、ガイドを充実させたりしているが、現状では観光客に対して世界遺産の持つストーリーを伝えていくことは簡単なことではないと感じている。

スマートフォンアプリを活用した、「明治日本の産業革命遺産」におけるガイドを導入している点は、将来的には、AR（拡張現実：Augmented Reality）へと発展していく可能性も秘めていて、一定の評価ができます。つまり、立入禁止の区域にある建物にスマホをかざすと、現役で使われていた当時の写真や

表 3-1　産業遺産の分類と観光資源化例

	幕末～明治初期	明治中期～昭和初期（戦前）	観光資源化の例
製造業 加工業	たたら、手織り機、ろくろ、醸造器具、登り窯、紡織機、製紙具、漆器具	自動織機、工作機械、製鉄所、陶器工場、各種製造工場	工房作業（製糸、製織、製紙、窯業）
鉱業	鉱山（金・銀・銅・錫）	炭田等の各種鉱山	砂金採取、坑道探検
エネルギー産業	風車、水車、発火具、水道（高枡・石管）、ため池	発電所、ダム、浄水場	動力おこし（ミニ水車づくり、手動発電）
交通・通信	駕籠、人力車、荷車、橋、半鐘台、船着場、防波堤、灯台、運河	動力船、造船所、鉄道（車両・駅舎・トンネル）、道路構造物、港湾施設	乗車船
農林水産業	農具、林業器具、漁具、漁船、塩田	動力漁船、農業機械、林業機具、漁業機具	農林水産業体験、物産館販売・購入

深見（2009）より．

動画が映し出されることで、時空間的な変遷をより視覚的に把握しやすくなります。現状では、観光客に歴史上の多様なストーリーを伝えきれていないのが実情です。もっとより多くの人たちに、「なぜ世界遺産に登録されたのか」「厳しい炭坑労働に従事した先人の歩みはどのようなものがあったのか」を理解してもらえるような工夫が求められます。関心度（事前習熟度）別、年代別、親子向け、地域内外の別、インバウンドなど、観光客の多様化に対応させたガイド人材の養成は急務と言えるでしょう（表三―一）。

おわりに

私は、小学六年の夏休みの自由研究で、友人たちと初めて史跡めぐりをしました。そのとき、のちに「明治日本の産業革命遺産」の構成資産となる、鹿児島市磯地区で花開いた集成館事業に関する歴史を知り、反射炉跡として残る土台に触れたり、旧鹿児島紡績所技師館（異人館）の建物内で多くの写真を撮ったりしたのを覚えています。三〇年以上前の記憶になりますが、もちろん当時はこれらが世界遺産に登録されるとは知る由もなく、今では遺産の保全のために直接触れられなくなり、写真撮影に制限が設けられたことを考えると、貴重な経験のひとコマとなっています。

世界遺産は、遺産を次世代へとつなぐための保全の仕組みです。そのため、軍艦島も上陸が解禁され一〇年が経過しました。観光客が自由に動けるのは島のわずかな範囲にすぎませんが、無人化した建造物は痛みも激しく、安全面もくわえて考えるとやはり建物のすぐ近くまで行くことは当面は困難と予想されます。三浦春馬さん主演の実写映画『進撃の巨人』(二〇一五年公開)では、通常は立ち入れない区域でのロケが特別に許可されました。しかし、ロケ自体は世界遺産に登録される前年におこなわれたことや、観光の場合、まずもって「安全」の確保が最優先されることから、観光目的での立入禁止区域の縮小は数十年単位で検討されていくと思われます。世界遺産観光で地域に足を延ばすとき、私たちはそれぞれの遺産の置かれた状態をよく理解しておく姿勢が求められます。

二〇一五年九月、軍艦島の所有者である長崎市は、過去に例のない、「廃墟」となった建造物を、今後約三〇年かけて補強や整備の工事をおこなうための「端島(軍艦島)整備基金」を設置しました。軍艦島クルージングの料金にふくまれている施設使用料三〇〇円もこの基金に積み立てられています。また、ふるさと納税の制度を利用して保全への支援をおこなうこともできます。軍艦島の建造物のうち、世界文化遺産の対象となっている、護岸と炭坑関連の遺構の保全に優先して着手していくようですが、そのためには約一〇八億円が必要と試算されています(産経新聞二〇一六年九月一四日付記事による)。軍艦島は、世界遺産への登録に先駆けて、国史跡「高島炭鉱跡」の指定をうけているので、長崎市と文化庁が主要財源を出し合い保全に努めることになります。くわえて、軍艦島クルージングに参加した観光客から負担金の徴収がすでになされていることを、私たち観光者もよく理解し、保全意識の醸成につながるよう願っています。

本章では、軍艦島に焦点をあてながら、世界遺産への登録に至る経緯や、実際に観光客の増加などによる注目度の高まりといった過程でみられた課題について、政治の分野に触れつつみてきました。長崎市における世界遺産観光は、次の章で取り上げる「長崎と天草地方の潜伏キリシタン関連遺産」とともに、地域へのさまざまなインパクトがより目に見える形ですすんでいくでしょう。観光客（ゲスト）と地域住民（ホスト）が邂逅を重ねることで、外交的な対立の克服につながります。往来により生まれる「相互啓発」が、観光のもつ大きな強みの一つです。

参考文献

井出明（二〇一八）：『ダークツーリズム―悲しみの記憶を巡る旅』幻冬舎新書.
伊藤弘（二〇一七）：「世界遺産観光」の在り方、世界遺産学研究、三、一―七頁.
木村至聖（二〇一七）：「長崎」の記憶として軍艦島を語ることは可能か―世界遺産登録をめぐって（葉柳和則編著『長崎―記憶の風景とその表象』晃洋書房）、四五―六七頁.
後藤惠之輔・坂本道徳（二〇一〇）：『軍艦島の遺産』長崎新聞新書.
佐竹真一（二〇一〇）：ツーリズムと観光の定義―その語源的考察、および、初期の使用例から得られる教訓、大阪観光大学紀要、一〇、八九―九八頁.
鈴木晃志郎（二〇一〇）：ポリティクスとしての世界遺産、観光科学研究、三、五七―六九頁.

林えいだい（二〇一〇）：『〈写真記録〉筑豊・軍艦島―朝鮮人強制連行、その後』弦書房.
深見聡（二〇〇九）：近代化産業遺産の観光資源化とその過程に関する一考察、日本観光研究学会全国大会学術論文集、二四、三一―三四頁.
深見聡（二〇一六）：長崎の観光と世界遺産―産業革命遺産と教会群のこれから、地理、六一（七）、三二―四〇頁.
Foley, M. & Lennon, J. (1996) : JFK and dark tourism: A fascination with assassination, *International Journal of Heritage Studies*, 2 (4) : 198-211.
Sharpley, R. & Stone, P. R. (2009) : *Darker Side of Travel: The Theory and Practice of Dark Tourism*. Bristol: Channel View Publications.

第四章　「長崎と天草地方の潜伏キリシタン関連遺産」と祈りの旅

はじめに

日本では、本格的な人口減少と超高齢社会が同時にすすむという、世界のどの国も経験したことのない社会構造の変化の渦中にあります。内閣府によると、二〇一七年の高齢化率は二七・七パーセント（三五一五万人）となり、さらに二〇六五年には総人口は八八〇八万人、高齢化率は三八・四パーセントと、国民の二・六人に一人が六五歳以上という未来が予想されています。すでに、半島や島嶼（離島）では、コミュニティ維持の困難化は深刻さを増しています。このような情勢にあって、都市部からＵ・Ｊ・Ｉターン[1]といった移住促進を掲げる過疎自治体は依然として多く存在します。しかし、今後さらに少なくなる「パイの奪い合い」に収斂してしまう問題があり、中長期的にみれば地域の活性化につながるといえるか疑問符がつきます。

そこで、ますます期待されるのが、交流人口によるにぎわいの創出、すなわち観光による誘客です。観光庁は、日本人の国内での移動にとどまらず、インバウンド（訪日観光客）の増加につながるような査証（ビザ）の発給要件の緩和や、いわゆる民泊を推進する民泊新法（住宅宿泊事業法）[2]の施行（二〇一八年六月）など、さまざまな施策を打ち出しています。二〇二〇年の東京オリンピック・パラリンピックの開催により、四千万人超えも視野に入ってきました。今後、日本の歴史や文化、自然や体験・交流へのニーズの多様化もよりすすむことでしょう。米国出身で著名な東洋文化研究者であるアレックス・カー氏は、日本社会の変貌をふまえて、「観光立国」をすすめる日本について次のように述べています（アレックス・カー&清野、二〇一九）。やや長くなりますが、重要な示唆に富んでいますので、引用しておきます。

「インバウンドは日本経済を救うパワーを持っています。国際的な潮流を日本の宿や料理に吹き込むことによって、新しいデザインやもてなしも生まれていきます。観光の促進は、日本への理解を国際的に高め、日本文化を救うチャンスであり、プラスの側面は大きいのです。

ただし、それらは適切な「マネージメント」と「コントロール」を行った上でのことだと強調したいのです。前世紀なら「誰でもウェルカム」という姿勢の方が、聞こえはよかったかもしれません。しかし、億単位で観光客が移動する時代には、「量」ではなく「価値」を極めることを最大限に追求すべきなのです。」

インバウンド効果は、大都市圏に限った恩恵ではありません。彼らが利用するクルーズ船寄港地の上位一〇港のうち、七港が九州・沖縄となっており（二〇一八年）、中国を出発地として、比較的安価で近距離の西日本エリアは高い人気を集めています。この結果は、東京や京都といった大都市圏に集中してきたインバウンドとはまた異なる誘引効果が西日本エリアにあると前向きにとらえることができるでしょう。

二〇一八年七月に、「長崎と天草地方の潜伏キリシタン関連遺産」が世界文化遺産に登録されたことは、地元の長崎県および熊本県天草市で登録を推進してきた人びとにとって、待ちに待った朗報となりました。長崎県の中村法道知事は、登録決定の一報をうけて、「構成資産の多くが点在し、人口流出や高齢化が進む離島・半島地域をはじめとした地域の活性化に取り組む」とし、「住む人に誇りを、訪れる人に感動を与えられるような世界遺産を目指す」との談話を発表しています（旬刊旅行新聞二〇一八年七月二日付記事による）。このことが示すように、本遺産は長崎県にとって登録による観光客の増加を期待していることが強くうかがえます。たしかに、長崎県には「明治日本の産業革命遺産」（二〇一五年登録）とあわせて、一つの県に複数の世界遺産が存在する「世界遺産密集県」となり、それによる観光客の増加がすでに確認

[1]アルファベットの形により移住の形態を分類した地理学や社会学の用語。Uターンは、生まれ育った地域への移住（たとえば私の場合、鹿児島市出身→仕事で長崎市へ→退職後に鹿児島市へ）、Jターンは、生まれ育った地域の近くにある都市部への移住（たとえば、私の知人の場合、鹿児島県薩摩川内市出身→仕事で東京へ→退職後に鹿児島市へ）、Iターンは、地縁的なつながりのない地域への移住（たとえば私の知人の場合、宮崎県出身→仕事で東京へ→自然環境に魅せられ屋久島へ）のことをさす用語。

[2]二〇〇三年、小泉純一郎内閣が「ビジット・ジャパン・キャンペーン」を開始し、当時、約五〇〇万人であった訪日客数を二〇一〇年に倍増させる方針を打ち出した。二〇一三年にその大台に到達して以降、わずか五年間で三〇〇〇万人を突破した。一方で、ホテルや旅館など宿泊施設の増加が追いつかず、安定した宿泊客の受け入れ態勢が課題となった。そこで、一定の要件を満たした戸建て住宅やマンションなどの空室で宿泊サービスを可能とする目的で、本法が誕生した。

されるなど、登録による新たな観光への波及効果が生まれています。しかし、本書でくり返しふれるように、世界遺産登録の目的は、われわれ人類にとって「顕著な普遍的価値」をもつ文化遺産や自然遺産を保全することであり、観光などによる地域振興は謳われていません。あくまで、遺産を訪ねる人びとの増加という現象は、副次的なものである点に留意する必要があります。

そこで、世界遺産の保全体制の確立と強化を図ると同時に、「なぜ保全する必要があるのか」を知る機会を提供する「観光教育」の役割は大と言えます。観光教育には、①観光産業に携わるさまざまな人材の育成、②ポスト・マス・ツーリズムとして登場した「持続可能な観光」において重視される、ホスト側の自地域に対する魅力の再発見とゲスト側の「よき観光者」の育成および両者の相互啓発、という大きく二つの分野があります（寺本・中村、二〇一六）。

本章では、観光教育の範囲のうち、とくに地域へのインパクトを左右する②の役割に注目して、「長崎と天草地方の潜伏キリシタン関連遺産」の構成資産のなかでも、遺産の保全や観光客の来訪数増加によって、「正」「負」のインパクトが同時に表出している、いくつかの集落に焦点をあてながら、世界遺産観光における観光教育の重要性について考えてみることにします。

一、世界遺産「長崎と天草地方の潜伏キリシタン関連遺産」の誕生

日本では、二〇〇〇年代半ばより「世界遺産ブーム」という言葉が登場してきます。世界遺産観光は新たな観光の市場拡大が期待され、長崎でも登録に先駆けて「ながさき巡礼[3]」などと銘打った観光商品

が、新たな長崎観光の目玉として定着しています。それに対して、先行して世界遺産観光がなされている地域では、遺産に対する保全意識の醸成やその広がりといった社会的効果への期待の一方で、経済的効果の一過性にくわえて、遺産の劣化や汚損、周辺地での騒音、渋滞といった生活環境の悪化など、いわゆる「観光公害」または「オーバーツーリズム」（Overtourism）と呼ばれる問題が指摘されています（才津、二〇〇六）。

「長崎と天草地方の潜伏キリシタン関連遺産」（以降、「潜伏キリシタン関連遺産」と短く記すこともあります）への注目の契機は、二〇〇一年九月の「長崎の教会群を世界遺産にする会」の設立に求められます。当時、すでにいくつかの国内の世界遺産観光で顕在化していた「課題」よりも、むしろ社会的効果によってそれらを克服していくことへの期待が上回ったとも言えるでしょう。すなわち、教会群＝聖地としての静謐《せいひつ》さや神秘さといった真正性《しんせい》の側面が、「課題」を誘発する観光客側のモラルに抑止的な働きかけにつながるとの思惑もありました（門田、二〇一六）。同時に、加速する高齢化や人口減少により、隠れキリシタンにルーツをもつ地域の人びとのアイデンティティ喪失や、教会建築の保全・承継が困難となることへの防衛策として、世界遺産登録という選択肢が浮上してきたのです（松井、二〇一六）。

本会は、精力的にシンポジウムや写真展を開催したり、建築学史を中心とする調査研究を推進したり

---

3 二〇〇七年の世界遺産暫定リスト入りを契機に、長崎県観光連盟とカトリック長崎大司教区が中心となって、「長崎の歴史、文化、風土などを包含する世界を知り、体験することであり、『空間的移動のみならず、時を越え、精神的領域にまで踏みこんだ上質の旅』」を「ながさき巡礼」と定義し、教会など「訪れる地で静かに座し、祈る」観光の進展を図っている（松井、二〇一三：山中、二〇一六）。

表 4-1 「長崎の教会群とキリスト教関連遺産」の構成資産

	資　産　名	所　在　地
伝播・普及期	△日野江城跡	南島原市
	原城跡	〃
禁教（潜伏）期	平戸の聖地と集落（春日集落と安満岳）	平戸市（平戸島）
	平戸の聖地と集落（中江ノ島）	〃（中江ノ島）
	野崎島の野首・舟森集落跡	小値賀町（野崎島）
	天草の﨑津集落	熊本県天草市（下島）
	大浦天主堂と関連施設	長崎市
復活期	旧五輪教会堂	五島市（久賀島）
	出津教会堂と関連施設	長崎市
	大野教会堂	〃
	黒島天主堂	佐世保市（黒島）
	△田平天主堂	平戸市
	江上天主堂	五島市（奈留島）
	頭ヶ島天主堂	新上五島町（中通島）

注：2016 年 2 月現在．所在地に括弧書きがあるのは、資産候補の位置する島嶼名．このうち、平戸島と下島は架橋化により本土との往来が可能．△印は、2016 年 5 月に資産候補から除外されたもの．

と、地道な活動を積み重ねていきました。その結果、「次第に人びとの間に教会群に対する価値意識」が芽生え、「地元教会が遺産化されることは、信仰の有無にかかわらずアイデンティティの拠り所」に変化していきます（松井、二〇一六）。その過程で、教会が「点景」としての存在から、カトリック復活期の輝かしい歴史を象徴する「教会群」へと、認識の転換がすすんでいったのです（木村、二〇一二）。

二〇〇七年一月、これらの教会建築は「長崎の教会群とキリスト教関連遺産」の名で、世界遺産の暫定リストに記載されました。この時点で、構成資産候補は二〇を数え、一八六五年に完成し、「信徒発見／神父発見」の場である大浦天主堂（長崎市）など、複数の殉教地がふくまれていました。同年四月、カトリック長崎大司教区は長崎巡礼センターを開設し、構成資産候補を訪れる観光客の増加を見越したガイド養成に取り組み始めます。

二〇一二年一月、構成資産候補を一四に絞り込み（表四―一）、翌年八月、伝来・繁栄を誇った伝播・普及期、弾圧から禁教、そして潜伏に至る禁教（潜伏）期、そして復活期へと至る「四五〇年に及ぶ日本と西洋の価値観の交流の中で生じた日本における『キリスト教の伝播と浸透のプロセス』を示す」[4]、顕著に普遍的な価値を有する遺産として、文化庁が推薦する世界遺産の登録候補となりました。しかし、同時に内閣官房は「明治日本の産業革命遺産」を推薦し、本審査に臨める、一年につき「一つの国からは自然遺産と文化遺産の各一件」という上限枠をめぐり競合する事態へと異例の展開をたどります。最終的に、事実上の政治裁定により「明治日本」が先行して二〇一五年の審査に臨むことが決まり、「教会群」は二〇一五年一月、二〇一七年に日本から世界遺産登録を目指す国内候補となりました。

ところが、急転直下、翌年一月になって、現地調査をおこなったユネスコの諮問機関であるイコモス（国際記念物遺跡会議）の中間報告をうけ、政府は世界遺産委員会への推薦を取り下げる事態となります。イコモスより、「潜在的な普遍的価値は認めるが、個別の構成資産が果たす役割の説明が不十分」であり、登録延期勧告の可能性を示唆したことによります（産経新聞二〇一六年二月四日付記事による）。具体的には、①日本におけるキリスト教コミュニティの特殊性は、二世紀以上にわたる「禁教（潜伏）期」にあり、したがって禁教の歴史的文脈に焦点を当てて推薦内容を見直すべきである、②コミュニティの参加による資産の管理システムや将来的な来訪者の管理ついて課題がみられる、という二点についての厳しい指摘でした。世界遺産観光にむけた窓口となっている「長崎の教会群インフォメーションセンター[5]」は、大浦天主堂を除く構成資産候補の教会見学はすべて事前連絡制とする仕組みを二〇一五年一〇月に開始し

[4] 二〇一五年作成の旧推薦書による。最終閲覧日二〇一六年九月一二日、https://www.pref.nagasaki.jp/s_isan/about/

[5] 構成資産の位置する自治体やカトリック長崎大司教区などが協力し、二〇一四年四月に設立。長崎の教会群に関する各種問い合わせ窓口の一元化の役割を担う。現在は、「長崎と天草地方の潜伏キリシタン関連遺産インフォメーションセンター」と改称している。

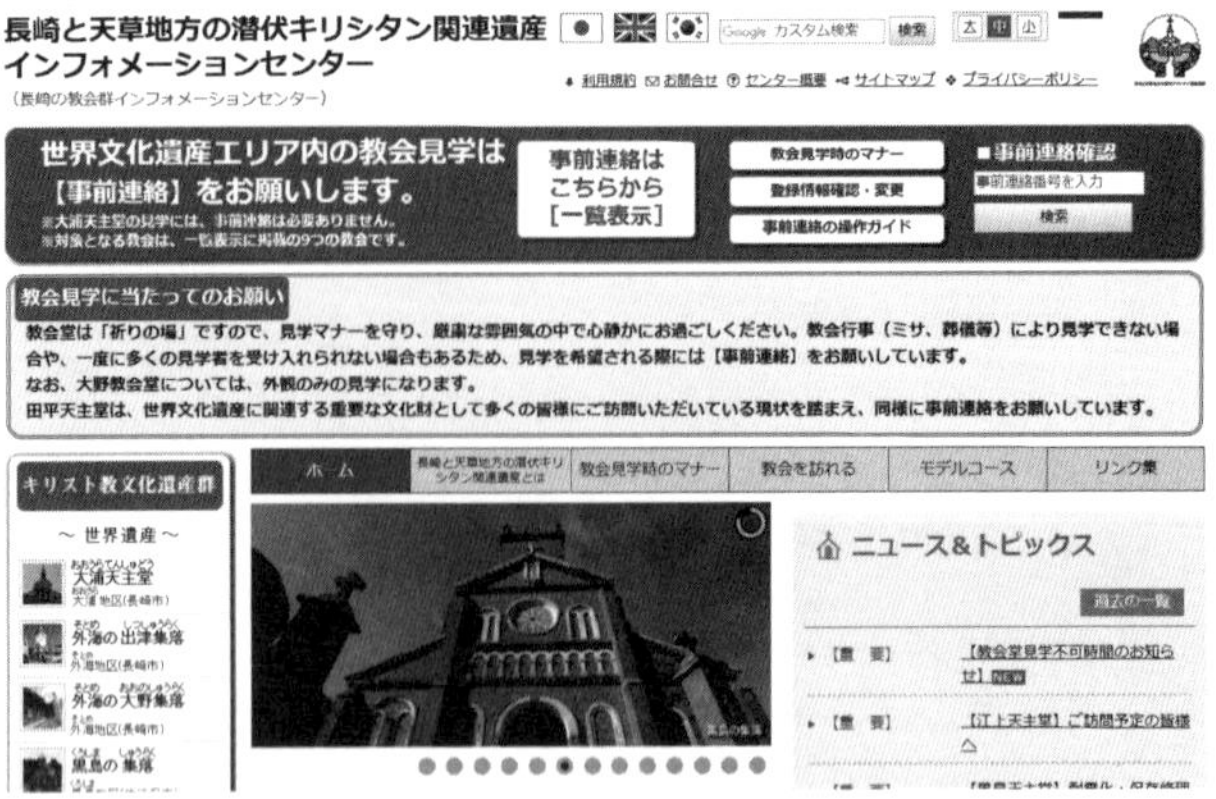

図4-1　教会堂見学の事前連絡制度を告知するインフォメーションセンターHP. 2019年3月31日閲覧.

（図四―一）、観光客の過剰な集中を抑え、保全との両立の明確化に着手した矢先のことでした。それだけに、構成資産候補の位置する自治体関係者や観光業関係者、教会守[6]など地域住民からの落胆の声が一斉に報じられました。

二〇一六年九月、本遺産は、対象を教会建築中心から、教会をふくむ集落という「文化的景観」を中心とした構成資産候補へと再編し（表四―二）、禁教（潜伏）期に焦点をあてた「長崎と天草地方の潜伏キリシタン関連遺産」へと改称して、二〇一八年の登録を目指すことになります（長崎新聞二〇一六年九月二日付の記事による）。

世界遺産の登録件数は、二〇一四年に千の大台に達したこともあり、暫定リスト記載から登録に至るまでの審査の過程が厳格化しつつあります。そのため、登録審査に臨むときには、シリアル・ノミネーションの積極的な導入が検討されるよう

6 観光客の教会内部の見学にあたってのマナー啓発やガイドをはじめ、教会や周辺の管理の役割を担っている。「長崎と天草地方の潜伏キリシタン関連遺産インフォメーションセンター」が、二〇一四年七月より世界遺産の構成資産候補となっている教会に順次配置を開始した。

になり、また、日本における世界遺産観光のあり方も、大きく変化していくと考えられます。たとえば、二〇一二年にユネスコが採択した「京都ビジョン」は、世界遺産の保全にコミュニティの「十分な参加」を重視することを明確に示しました。そのため、教会群をとりまく急激な過疎化がもたらすコミュニティの喪失への懸念は、「ユネスコが求める世界遺産を生かした持続可能な発展が可能か」という視点に対応したものと言えるでしょう。また、先人の歩みの遺産化は、決して「光」の側面にのみ注目するのと同義ではありません。今回の「潜伏キリシタン関連遺産」への改称は、構成資産の「光の記憶」にかかわるできごとが強調されがちな日本の世界遺産観光に、禁教（潜伏）期を中心としたストーリーにもとづく観光、すなわち、迫害や弾圧、反乱や鎮圧、改宗をめぐる住民どうしの軋轢《あつれき》といった、いわゆる「負の記憶」に焦点をあてた観光の形、すなわち、第三章でも扱ったダークツーリズムの視点からの検討が不可欠であることを意味しています。

表 4-2　「長崎と天草地方の潜伏キリシタン関連遺産」の構成資産

	資　産　名
伝播・普及期	原城跡
禁教（潜伏）期～復活期	平戸の聖地と集落（春日集落と安満岳）
	平戸の聖地と集落（中江ノ島）
	○天草の﨑津集落
	○外海の出津集落
	○外海の大野集落
	○野崎島の集落跡
	○頭ヶ島の集落
	○奈留島の江上集落
	○久賀島の集落
	○黒島の集落
	大浦天主堂

注：2016 年 9 月現在．○印は、教会建築単体からそれらを含む集落景観にまで構成資産候補の範囲が拡大されたもの．

　この点に関しては、いち早く木村（二〇一二）において、「弾圧・殉教」に関する構成資産候補について、「『信仰の奇跡』である殉教の出来事を顕彰する」にとどまらず、「そこで命を捧げた人々の『慰霊』を行う場」であり、観光資源化がすすむ一方で後者の視点がかすんでしまわないか懸念を示していました。また、「カトリックへの社会的差別やカクレキリシタンの問題など、これまで観光の文脈では無視されてきた問題にも焦

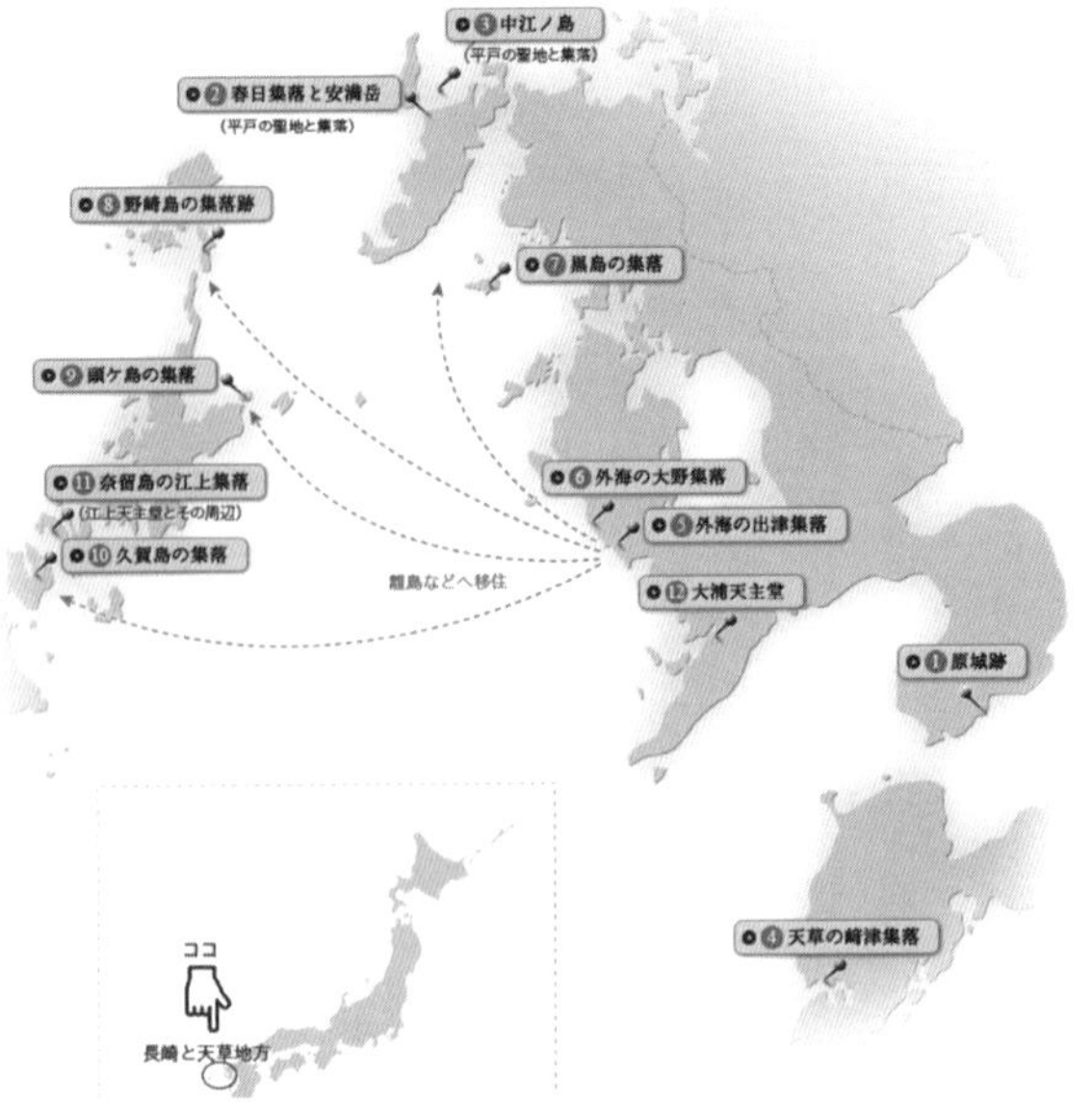

図 4-2 「長崎と天草地方の潜伏キリシタン関連遺産」の構成資産の位置. 長崎県 HP より. 2019 月 3 年 31 日閲覧.

点が当てられる可能性」があり、「こうした負の歴史に対する理解」を抜きにした「ながさき巡礼」は本物とは言えないとの声もあります（松井、二〇一五）。つまり、「潜伏キリシタン関連遺産」へと改称する以前から、「負の記憶」をとどめるためのストーリー確立への懸念が存在していたのです。

二〇一七年二月、日本政府は「潜伏キリシタン関連遺産」に係る推薦書（正式版）をユネスコに提出しました。そして、二〇一八年六月、バーレーンで開催の第四二回世界遺産委員会において、世界遺産リストへの記載が正式に決定したのです（図四—二）。

二、「潜伏キリシタン関連遺産」がもつ世界遺産観光の特徴

1 輝かしい記憶と禁教がもたらした「負の記憶」の交差

日本における世界遺産観光地のうち、例外的な存在として原爆ドーム（一九九六年登録）があります。

人類の「負の記憶」を承継するという点で、「潜伏キリシタン関連遺産」との共通項が存在します。ただし、両者の大きな違いは、前者が「負の記憶」への象徴的な存在という一貫した価値づけがなされてきた一方で、後者は教会建築に代表されるカトリック復活期の「光の記憶」を中心としたストーリー構成から、禁教（潜伏）期を中心とした文化的景観へと、「負の記憶」へのストーリーの転換が求められた点にあります。すなわち、現地調査にあたったイコモスという外的要因によって、短期間に遺産そのものの価値転換をなしとげる必要にせまられました。そのため、私は「長崎の教会群とキリスト教関連遺産」と「長崎と天草地方の潜伏キリシタン関連遺産」とでは、もはや同質の遺産とは言えず、むしろ「負の記憶」に思いを寄せる世界遺産の観光資源化が、長崎県域という広い範囲においてすすむという、日本では初めての世界遺産観光となり得る点に注目しています。その際、「負の記憶」を対象として、先人の厳しい歩みをたどり、悼み、祈るという弔いの気持ちをとおして、ゲスト側の観光客とホスト側の地域の人びとに「相互啓発」を生み出すダークツーリズムの方法論は、前章で取り上げた軍艦島と同様に、潜伏キリシタン関連遺産を深く知る際にも、有効と思われます。

潜伏キリシタンの歩みは、決して過去の記憶にとどまるものではありません。復活期に入ると、伝播・普及期のカトリック信者の子孫たちは、①カトリックに復した者、②禁教時の寺請制度により表面上は仏教に改宗し引き続き仏教徒にとどまった者、③先祖からの隠れキリシタンの教えを継承した者（カクレキリシタン）の三者がそれぞれにコミュニティを形成しました。住民のなかには、それを指して「鉄のカーテン」と呼ぶ方もいます。それぞれに墓地を明確に区別したり、さまざまな地域行事においてでさえ連携が困難であったりという事態も生じていました。歴史をたどれば、もとは同じカトリック信徒であったものの、禁教がもたらしたコミュニティの分断は悲劇的な「負の記憶」として厳然と存在しているのです。

彼らの「わだかまり」は、二〇〇〇年前後まで残った集落もあり（長崎新聞二〇〇八年七月二六日付記事による）、潜伏キリシタン関連遺産は、当事者となる地域の人びとの機微にかかわる性質を色濃く残しています。教会建築や集落の文化的景観が、表明的な審美性の魅力にとどまらず、その背後にある潜伏キリシタンの過酷な歩みや、高齢化や人口減少が急速にすすみコミュニティ維持が困難となる集落の現状をふまえ、観光客は構成資産に向き合う姿勢を求められます。イコモスの中間報告も指摘するように、教会への来訪者の管理は、事前連絡制の導入により一定の成果は期待できますが、観光客のモラル向上は一朝一夕に得られません。それに対して、前提としてダークツーリズムを謳うことは、必然的に「悼み、祈る」という弔いの旅であるとの事前了解が加わるので、世界遺産観光において指摘される聖地の喧騒化[7]に対する抑制効果も期待できます。その際、観光行動の動線に「負の記憶」をふくめる点は、構成資産の保全と継承の視点から不可欠です。同時に、「旅の記憶は、悲しい場所の思い出だけでは辛く重いものになってしまうため、他の観光資源と組み合わせたルートを提示すること」[8]、たとえば復活期を象徴する教会建

[7]たとえば、沖縄県南城市にある斎場御嶽《せーふぁーうたき》は、二〇〇〇年に「琉球王国のグスク及び関連遺産群」の構成資産の一つとして世界遺産登録された。その後の観光客の急増は、石畳の摩耗や、その石畳参道の土嚢による応急的な拡幅、立ち入り禁止の拝所への侵入など、「沖縄の文化・習俗・宗教に予備知識のない観光客」の増加による「神聖な雰囲気」の維持が近年とみに困難となっている（小川、二〇一三：門田、二〇一六）。

[8]ＮＨＫ「視点・論点」『記憶の承継とダークツーリズム』（二〇一六年九月五日放送）における、井出明氏の解説より抜粋。最終閲覧日二〇一六年九月一二日、http://www.nhk.or.jp/kaisetsu-blog/400/252023.html#more

築や構成資産ではない地域資源にも積極的にふれることで、地域の姿により多面的に肉薄できるでしょう。

また、今回の世界遺産への登録にあたっては、構成資産の多くが過疎地域に位置しているため、コミュニティの継続的な保全がすでに課題となっています。たとえば、構成資産の一つである「野崎島の集落跡」（長崎県小値賀町《おぢか》）は、昭和四〇年代に島内に三つあった集落のうち、野首と舟森は集団移転により廃村となりました。旧野首教会もいまは時間が止まったかのような静けさに包まれています。現在は、町の宿泊施設を管理する町民が一名、野崎島の住所で住民登録しているのみで、とくに舟森集落跡はイノシシやシカが多く生息し、段々畑の石垣も次第に崩れるなど、集落の痕跡は刻々と失われつつあります。

この二つの問題意識から、構成資産のおかれた現状をとおして、潜伏キリシタン関連遺産における世界遺産観光の持続的な展開について考えてみましょう。

写真 4-1　枯松神社．2016 年 8 月 26 日撮影．

2　世界遺産を補完する「外海の黒崎集落」と世界遺産となった「外海の出津集落」

(1) 外海《そとめ》の黒崎集落

本集落には、禁教期の初期に潜伏キリシタンを指導したとされるバスチャンの師、サン・ジワンを祀る枯松《かれまつ》神社があります（写真四―一）。その参道の途中には、潜伏キリシタンの人びとがひそかにキリストへの祈り（オラシヨ）を唱えていたと伝わる「祈りの岩」があり、ひ

写真 4-2　外海潜伏キリシタン文化資料館. 黒崎教会のすぐ近く、国道 202 号沿いにある. 2017 年 7 月 23 日撮影.

写真 4-3　「外海の出津集落」にある出津教会. 2017 年 7 月 23 日撮影.

ときわ訪れる人たちの目をひきつけます。集落の人びとが三つのコミュニティに分断され生じていた「わだかまり」の融和の場として知られるキリシタン神社です。一九九八年に黒崎教会主任司祭に着任した神父・野下千年氏は、彼らどうしの接点を求めて、二〇〇〇年に潜伏キリシタンの子孫たちが一堂に会する初めての慰霊祭（枯松神社祭）をおこないました。黒崎集落は潜伏キリシタン関連遺産の構成資産ではありませんが、先人の厳しい歩みが現在にもつながっていることを実感できる象徴的な地です。

また、地域住民有志により、二〇一七年三月に平屋の空き家をリフォームした「外海潜伏キリシタン文化資料館」がオープンしました（写真四―二）。館長の松川隆治氏は、「隠れて見えにくかった歴史や文化を、地元から積極的に伝えていきたい」と語っています（西日本新聞二〇一七年三月一八日付の記事による）。

（2）外海の出津《しつ》集落

潜伏キリシタン関連遺産の構成資産の一つとなっている「外海の出津集落」は、平地に乏しく、禁教期には斜面の開墾時に出てくる結晶片岩を平積みして段々畑を築き自活していました。キリスト教解禁後の一八七九年には仏人宣教師のド・ロ神父が出津の地に赴任し、神父が伝えた西洋石積文化と融合した外海地区独自の石積文化がみられます。一八八二年には出津教会（写真四―三）が完成しています。

長崎市は、増加が見込まれる観光客に対して潜伏キリシタン関連遺産のなかで外海地区がどのような価値をもっているのかを分かりやすく知ってもらうため、二〇一六年七月に同集落にある長崎市外海歴史民俗資料館の展示内容を大幅に入れ替え、情報発信の機能強化を図っています。また、地域の生業と一体化した景観を楽しめる「ド・ロ神父の里道」散策など、構成資産のなかでも教会建築にとどまらない地域資源の活用が定着しつつあります。世界遺産の資産の周辺に設定される利用制限区域（緩衝地帯）にあたる国の文化的景観の範囲も地域の魅力として活用し、コミュニティと観光客との邂逅をへることで、地域住民にとっては自地域に「外からの目」の評価が加わり、魅力を再認識する契機になる「相互啓発」の効果が期待されるのです。

写真 4-4　黒崎集落に建てられたオーバーユース軽減のための案内看板．2017 年 7 月 23 日撮影．

出津教会の信徒であるAさん（六〇代男性）は、バスやレンタカーによるアクセスが比較的容易であるため、最近数年間の観光客（とくに貸切バスによる移動者）の増加を実感しているそうです（写真四―四）。事前予約の制度を知らずに訪れた個人や小グループに対しても、「わざわざ訪ねてきてくれたこと」と「教会についてまずは知ってもらう好機」との思いから、無下に扱うこともできない葛藤があるといいます。また、信徒のBさん（七〇代男性）は、「禁教の時から信仰を続けて、そして今は教会で普通に祈りを捧げられる。なのに、その場にふさわしい行動を守れない人をわざわざ呼び込むことが、世界遺産になることなのか？」と、観光地化への疑問を感じているようです（いずれも二〇一七年二月一一日に聞き取り）。彼らの発話からは、「教会や関連史跡の保存を実現する宗教的聖地にも共通のディレンマ」が存在し、教会建築の保全のためには「観光による地域振興を模索せざるを得ない」（池田、二〇一六）という過疎地域に共通する複雑な思いが見え隠れしています。

三、教会見学の事前連絡制度と世界遺産となった離島の小規模集落

世界遺産観光においては、つねに静謐な環境の保持（真正性・真実性の担保）と、遺産の価値を広く知ってもらうための来訪者（観光客）の増加という、難しい両立を図る必要があります。観光振興が世界遺産条約の目的に記されていないとはいえ、当然ながら彼らの存在を無視することはできません。そのため、潜伏キリシタン関連遺産の場合、二〇一五年一〇月より、教会内部の見学を希望する観光客は、「長崎と天草地方の潜伏キリシタン関連遺産インフォメーションセンター」に事前連絡をおこなうこととなりました。ただし、大浦天主堂は予約不要、旧野首教会は事実上の無人島への渡航となることから、小値賀町の一元化された観光窓口である、NPO法人おぢかアイランドツーリズム協会に事前の連絡を必要とします。ちなみに、大浦天主堂は、世界遺産の登録以前より、長崎市への修学旅行や団体旅行（マス・ツーリズム）では必須の観光スポットであり、現在は千円の拝観料を納めることで隣接する「キリシタン博物館」とと

表 4-3　事前連絡制を導入している構成資産 8 か所の来訪者数と事前連絡率の推移

	2014 年度	2015 年度	2016 年度	2017 年度	2018 年 4 月	2018 年 5 月	2018 年度（～ 2 月）
出津教会堂	15,062	21,367	25,602	27,297	2,619	3,551	42,565
（外海の出津集落）		(71.2)	(56.2)	(55.7)	(51.9)	(48.0)	【+55.9】
大野教会堂	534	3,715	4,669	4,327	396	786	11,772
（外海の大野集落）		(67.6)	(56.3)	(48.0)	(29.5)	(35.0)	【+172.1】
旧五輪教会堂	480	6,190	7,126	7,173	574	872	13,239
（久賀島の集落）		(100.0)	(97.9)	(100.0)	(100.0)	(100.0)	【+84.6】
江上天主堂	2,809	9,457	7,394	6,104	742	378	11,106
（奈留島の江上集落）		(85.2)	(74.5)	(65.4)	(94.9)	(100.0)	【+81.9】
頭ヶ島天主堂	6,141	25,686	26,872	36,501	2,591	4,838	28,905
（頭ヶ島の集落）		(71.7)	(48.3)	(40.3)	(100.0)	(100.0)	【-20.8】
旧野首教会	1,701	3,062	2,856	3,286	305	438	3,420
（野崎島の集落跡）		(100.0)	(100.0)	(100.0)	(100.0)	(100.0)	【+4.1】
﨑津教会	61,471	85,668	78,746	83,986	7,697	14,808	122,067
（天草の﨑津集落）		(5.6)	(12.0)	(15.9)	(13.3)	(12.4)	【+45.3】

注：「長崎と天草地方の潜伏キリシタン関連遺産インフォメーションセンター」の資料をもとに、『ながさき経済』2018 年 8 月号がまとめた表類ならびに長崎県公表資料より作成 . 表中の来場者数の単位は人．（）内は、事前連絡者の割合（%）．【】内は、前年比（%）．①本制度の導入は 2015 年 10 月からのため、2015 年度の事前連絡率は 2016 年 3 月までの半年間の数値．②江上天主堂は 2018 年 5 月 7 日～ 6 月、旧五輪教会堂は、2018 年 11 月～ 2019 年 1 月に教会守が不在となった期間があり、実際の来訪者数がカウントできていない．

もに見学できます。実は、観光客が足を運ぶ大浦天主堂の建物では、定例ミサはおこなわれていません。観光客の増加によって静謐な環境の維持が困難となったため、一九七五年にそのとなりに新しくカトリック大浦教会を建て、信徒の方はこちらで祈りを捧げています。

表四―三によれば、二〇一五～二〇一七年度は、事前連絡者の割合は全体的に減少傾向で推移しています。二次離島[9]などアクセスが比較的に容易ではない久賀島《ひさか》や野崎島の場合、ほぼ百パーセントを維持しているのに対して、個人や小グループでも比較的アクセスしやすい長崎市内の出津教会と大野教会、一次離島（架橋により二次離島の定義から外れる島もふくむ）にある頭ヶ島《かしらがしま》天主堂は七一・七パーセントから四〇・三パーセントへと低下、黒島天主堂では三〇パーセント台での推移にとどまっています。一方、マス・ツーリズムの代表的な形態である企画旅行に参加した観光客の場合、旅行会社が事前連絡の手続きを観光客に代わっておこなうため、事前連絡率の向上に寄与する存在となります。今日の観光形

態の趨勢《すうせい》に目を向けると、若年層ほど自由な旅程をみずから立てて足を運ぶスモール・ツーリズムへのシフトあるいはマス・ツーリズムとの併存選択をしているようです。国内旅行に限れば、とくにこの傾向は強くなります。企画旅行の場合、添乗員の同行など安全配慮への安心感があり、時間的・経済的に余裕のあるシニア層に特化した高級志向の商品も多く登場してきました。これに対して、若年層は「安近短」（お手ごろ価格、近距離、短期の日程）を望む傾向にあることを観光庁も指摘しています。さらに、遺産の保全の意義を次世代に承継していく視点から、若年層に対して、いかに事前連絡制度の周知を図るか検討していく必要があるでしょう。

ここで、離島の小規模集落が世界遺産となった「頭ヶ島の集落」と「奈留《なる》島の江上《えがみ》集落（江上天主堂とその周辺）」の二つの事例をとおして、地域で現出している「正」と「負」のインパクトについてみていきます。

（1）頭ヶ島の集落

五島列島の北部に位置する長崎県新上五島《しんかみごとう》町の中心地がある中通《なかどおり》島とは、一九八一年に橋で結ばれたことから、アクセスが飛躍的に向上しました。江戸時代には、疱瘡《ほうそう》（天然痘）の療養地として外部と隔絶されていた歴史をもっています。一・九平方キロの面積に、最盛期には二五〇人近くが暮らしていたのですが、世界遺産登録の時点で一五人と激減しています。島内には、架橋とともに上五島空港が開港したもの

9 一次離島が航路などの交通機関が本土と直結しているのに対して、二次離島は本土からいったん一次離島を経由する必要がある。

の、二〇〇六年に小値賀空港を結ぶ定期路線の廃止で、現在は利用されていません。現在の頭ヶ島天主堂は、一九一九年に完成しました（写真四―五）。世界遺産登録の機運が高まって以降、おもに観光客の利用するレンタカーが、教会のある狭隘《きょうあい》な集落内に年間一万台以上も乗り入れるようになったため、町は二〇一八年四月より「頭ヶ島パーク&ライド」を推奨しています。旧空港の駐車場を利用して、集落までの約七分間を町営の無料シャトルバスが結ぶようになりました。旧空港の建物には、「頭ヶ島の集落インフォメーションセンター」がオープンし、事前に集落や教会に関する歴史や、見学マナーについて知ることができるようになっています。

写真 4-5 「頭ヶ島の集落」にある頭ヶ島天主堂. 写真提供=V1 PUBLISHING.

パーク&ライドの取り組みもあって、二〇一八年度に入ると、事前連絡の割合は一〇〇パーセントへと急上昇しました。さらに、登録直後にあたる同年七月の一か月間に三五六〇人が訪れ、前年同月比＋二四パーセントと、依然として増加傾向にあります（長崎新聞二〇一八年八月三一日付記事による）。

登録に先立って、教会内部の写真撮影や集落内を大声で話しながら歩く、土足のまま教会内に進入するといった、いわゆる「観光公害」は、観光客に限らず、添乗員や地元ガイドによっても少数ながら生じていましたが、登録後は大きな苦情が起こるまでには至っていません（長崎新聞二〇一八年七月一一日付記事による)。

しかし、来訪者はリピーターばかりではないため、細やかなマナーの伝達もふくめて、教会建築や集落の価値を細やかに発信する観光教育の充実が求められます。とくに、島に暮らす一五人の地域の人びとの生活環境が第一に優先され、静謐な空間を承継していくことは不可欠です。

(2) 奈留島の江上集落(江上天主堂とその周辺)

奈留島は、五島列島のほぼ中央に位置し、長崎港からは福江島、佐世保港からは中通島に上陸してから再び奈留港行きのフェリーで渡る二次離島です。五島列島のほかの島々と同じく、最盛期には九〇〇〇人を超えた人口も減少の一途をたどり、いまは約二〇〇〇人が暮らしています。奈留島には、松任谷由実さんが作詞作曲を手がけた『瞳を閉じて』を贈るなど交流がつづく長崎県立奈留高校があり、若者が島の外に一気に流出するという激変緩和に大きな役割を果たしているようです。

一八七三年、明治政府は外国からの強い圧力をうける形で禁教令を廃止します。奈留島のすぐ近くにある葛島《かずら》[10]の人びとは、いち早くカトリックへ復帰しましたが、奈留島のコミュニティは、復帰した人たちと引き続き潜伏キリシタンの祈りを守る人たちとに分かれました。昭和五〇年代までは、潜伏期の祈りが続いていたそうです。

江上天主堂は、仏教徒でありながら生涯を長崎の教会建築に捧げた鉄川与助(中通島の生まれ)の手により、一九一八年に完成しました(写真四―六)。港や高校のある奈留島の中心地から県道をリアス式の

[10] 奈留島から約一・五キロの沖合にあり、最盛期には三〇〇人を超える人びとが暮らしていた。

海岸沿いに北上し、途中、遠命寺トンネル（一九九四年開通、全長七七〇メートル）を過ぎると、目の前に大串湾の碧い海が広がります。一九九八年に廃校となった江上小学校跡の旧校庭に足をすすめると、すぐ東どなりに、森に囲まれた水色の窓枠が美しい天主堂が姿を現します。いまも足もとに湧水の小流があることからも分かるように、この地に木造建築を構えるには十分な湿気対策が必要です。そのため、江上天主堂は、高床や通風口といった工夫が施されています。また、ステンドグラスの入手が資金面から難しかったため、信徒が手描きした透明なガラスの花文様や、内部の柱への手描きの木目文様は、訪れる私たちに、江上集落の人びとが「復活」のよりどころとして大切にしてきた建物であることを伝えてくれます。一方で、この天主堂を建てるとき、資金的な協力を果たせずに泣く泣く江上の地を離れざるを得なかった人びとの苦難の足跡も忘れてはなりません。

写真 4-6　「奈留島の江上集落」にある江上天主堂．2019 年 7 月 2 日撮影．

江上集落は、大串湾と背後にせまる山の間にある細長い低地にありました。ここであえて過去形としたのは、かつての集落景観は耕作放棄地や空き地が増え、世界遺産登録時点でこの地に暮らすのは、わずかに三世帯五人となっているためです。構成資産の名前が「奈留島の江上集落『跡』」となるのも、登録の時点ですでに現実味を帯びており、天主堂の管理の問題は切迫した課題となっています（写真四—七）。奈留島に先駆けて一八九九年に仏人宣教師の手により教会が建った葛島は、一九七三年の奈留島への集団移転により無人となったため廃堂となりました。江上天主堂がいまの姿を後世に承継していくための仕組みづくりは待ったなしの状態と言えます。

天主堂の内部見学を目的とした来場者数は、「長崎の教会群とキリスト教関連遺産」の世界遺産登録の推薦書をユネスコに提出し、イコモスによる現地調査がおこなわれた二〇一五年度をピークに減少傾向にあります。さらに、世界遺産への登録直前にあたる二〇一八年五月の連休後に、教会守が不在となり、内部の見学が一時的にできなくなりました。それでも、登録直後にあたる同年七月一か月間の来場者数は一二五四人と、前年同月比＋六三七パーセントと依然として一定の人気を集めています。

写真 4-7　江上天主堂から臨む集落家屋はすべて空き家．2019 年 7 月 2 日撮影．

四、「潜伏キリシタン関連遺産」をとおして考える観光教育

1　観光客と地域の人びとの邂逅と観光教育

観光教育には、大きく二つの分野があり、本書では、ポスト・マス・ツーリズム[11]として登場したスモール・ツーリズムで重視される、ホスト側に起こる自地域の魅力の再発見と、ゲスト側の「よき観光者」への質的な変化と両者の相互啓発の役割に注目しています。

「潜伏キリシタン関連遺産」は、人類にとって「負の記憶」にも焦点をあてた複数の資産から構成され

ています。登録から数年間は、一時的な注目度の高まりからある程度の観光客が見込まれます。その後も、これらの遺産の価値を広く共有していくためには、「負の記憶」のストーリーを観光資源化しながら観光客を持続的に迎えていく体制づくりが望まれます。また、ゲスト側には、現代にも続く「わだかまり」をふくめた地域の歩みを「悼み、祈る」という弔いの気持ちをもって事前に理解し、静謐な雰囲気を維持する行動が必要となります。教会建築の審美性に傾倒した「地域資源の消費」となれば、従来の宗教的な聖地の世界遺産観光の現場で問題視されている「観光公害」として現れてくるでしょう。

「悼み、祈る」旅であることへの事前了解は、ダークツーリズムという観光形態において、もっとも基本的に位置づけられます。つまり、聖地の観光地化による喧噪化という課題に対して、一定の効果を生むものといえます。また、ダークツーリズムには、前提として「学び」の要件をふくみますが、「学び」抜きに「負の記憶」への理解を深めることはできません。すでに、「長崎の教会群とキリスト教関連遺産」の名で世界遺産の暫定リストに記載されたことを契機とする「ながさき巡礼」などの取り組みは、「ツーリズム化した聖地巡礼」[12]をそれぞれの構成遺産のある地域にもたらしています。さらに、「長崎と天草地方の潜伏キリシタン関連遺産」への改称は、遺産全体のストーリーの再構築を経たうえで観光客を迎えることになり、とりわけ観光教育の役割が必然的に高まると考えられます。教会建築への審美性にひかれる来訪者が、地域に根づく潜伏キリシタンに関する「光」の「影」に刻まれた「負の記憶」に真摯に向き合うことは、ゲストとホストの邂逅による相互啓発がより価値あるものに高まっていくでしょう。

出津教会の見学に訪れていた観光客のCさん（三〇代女性）は、「教会の背景にある、地域の方の歴史について、実際ここに来るまではほとんど意識していなかった」そうです。とくに、「ほんの最近まで『わだかまり』が残っていたとは知らなかったし、長崎を訪ねる前に観光情報誌とかにも載っていないので、それだけ隠れて信仰を守ってきたことの重み」を感じていました（いずれも二〇一七年一月一二日に聞き取り）。夫妻で足を延ばしてきたDさん（六〇代女性）も同様の意見で、「ここに来る前に『悼み、祈る』場としての了解を私たち観光客に求めることは、当たり前」と言い切る一方で、「『ダークツーリズム』という言葉は初めて聞いた。『負の遺産』を訪ねる観光という意味は、説明されると納得できる」ものの、「観光客や地域の方に、『ダーク』の意味はまだ定着していない」とも語ります。また、出津集落に暮らすE氏（七〇代女性）による、「ダークツーリズムは初めて聞いた。ただ、私たちは自分たちの町に来てくれるだけでありがたい。（観光客と地元の私たちとの関係性が）うまくいくものなら、それでいい。」（括弧内は筆者補足、二〇一六年一〇月二二日に聞き取り）との声は、他の地域の人びとからも聞かれました。

これらのことをふまえると、①ダークツーリズムは、第三章でもふれたように、科学コミュニケーショ

11 マス・ツーリズム（Mass Tourism）は、観光の大衆化の初期にみられた団体型、大量消費型の観光形態のこと。次第に、観光対象の多様化や、個人や小グループへの指向の変化が生じ、かつ、地域の特性を活かした観光への注目が高まり今日に至る。したがって、スモール・ツーリズム（Small Tourism）とは、マスツーリズムに代わり、地域が主役の観光という意味で、着地型観光（Community Based Tourism）と類義した言葉である。

12 日本の世界遺産観光に限ってみても、先に挙げた斎場御嶽のほか、厳島神社（一九九六年登録）、紀伊山地の霊場と参詣道（熊野古道、二〇〇四年登録）で顕在化している。さらに、「古都京都の文化財 京都市、宇治市、大津市」（一九九四年登録）では、京都を中心にインバウンドをふくめた観光客の急激な増加の結果、たとえば嵐山の竹林の道は「もはや通勤ラッシュの様相で、京都を好きな人が昔の気分でうっかり出かけると、疲労困憊するはめに陥」るような混雑に包まれており、観光教育など適切な「マネージメント」と「コントロール」の重要性を痛感させられる（アレックス・カー&清野、二〇一九）。

ンの場においてはすでに日本の観光学者のなかでも普遍的に用いられつつあること、②観光の現場では、観光教育の機会をとおしてダークツーリズムという用語へのコミュニケーション上の合意は、今後ゲスト側とホスト側の双方で緩やかにすすむ、という二つの視点から、ダークツーリズムの方法論をとらえる重要性が浮かび上がってきます。

また、観光の当事者であるホストとゲストの邂逅は、「スモール・ツーリズム」、すなわち「持続可能な観光」にもつながる大切な場面になります。その成果は、速効性をもって得られるものではありませんが、観光を支える根っこに存在するものとして、その地道な蓄積が求められるのです（大島、二〇一六）。

2 遺産の保全と承継のための観光教育

私は、二〇一八年一二月に、ゼミ生の渡辺未来さんとともに、長崎県世界遺産課への聞き取り調査をおこないました。ここでは、観光教育に関する三つの質問への回答を紹介しながら、「観光公害」の軽減など、遺産と保全の承継について考えてみましょう。

（1）潜伏キリシタン関連遺産の持つストーリーを観光客に伝える工夫について

構成資産のある自治体などと連携しながら、ガイドを充実させるなどの工夫をおこなってきた。世界遺産に登録され観光客の増加を予想していたが、現状はその対応が追いついていない。

ガイドを充実させるという課題は、軍艦島でも同じです。つまり、世界遺産への登録は、地域の宝に注目を集めることにつながり、来訪者（観光客）の増加を想定はしていたものの、実際に「どのくらい増えるのか」という予測が困難なために、対応が後手に回っていると言えます。

具体的な応急策として、ストーリーを伝える人びとを地域やキリスト教信徒に限定せずに広く対象を募ったり、急激な観光客の流入（過剰利用：オーバーユース）を緩和するための動線を整備したりといった工夫は、比較的容易に導入できるのではないかと思われます。それぞれの教会や集落には、世界遺産の登録に前後してインフォメーションセンターの設置や、公設や私設の観光案内所、地域の人びととの語らいを楽しめる古民家をリフォームした集落案内所の整備がすすみました[13]。観光客が、まずはこれらの施設に足を運び、大まかなストーリーやマナーについて理解したうえで、景観や教会見学を楽しむというように、これらの施設へゲートウェイ機能の役割を付加していくことは有効だと思います。

（2）潜伏キリシタン関連遺産での拝観料について

大浦天主堂以外での拝観料の導入は、祈りの場を「見世物」として扱いたくないとのカトリック長崎大司教区の考えを尊重し、現時点ではおこなわない方針となっている。そのため、キリスト教徒以外の観光客が何らかの保全への協力金を準備したいという気持ちに対しては、教会内部に募金箱を設置している。

拝観料の導入は、教会が宗教施設という性格上、自治体の一存で決定できません。そのため、教会の所有者であるカトリック長崎大司教区の意向が大きく反映していることがうかがえます。受益者負担としての保全費用の確保は不可欠ですが、実際に信仰の場として存在している教会の場合、私たち観光に訪れる立場から、一つ一つの教会の保全状況を知り、よりよい保全策についてつねに議論を重ねていく必要があ

[13] 構成資産の一つである「平戸の聖地と集落（春日集落と安満岳）」（長崎県平戸市）には、二〇一八年四月に春日集落拠点施設「かたりな」がオープンした。地域の高齢者との語りや、貸し出し用の電動アシスト自転車で安満岳のすそ野に広がる棚田景観を楽しめる。

郵便はがき

892-8790

168

料金受取人払郵便

鹿児島東局
承認
300

差出有効期間
2027年2月
4日まで

有効期限が
切れましたら
切手を貼って
お出し下さい

鹿児島市下田町二九二―一

図書出版
南方新社 行

ふりがな 氏　　名			年齢	歳
住　　所	郵便番号　　―			
Eメール				
職業又は 学校名		電話(自宅・職場) (　　)		
購入書店名 (所在地)		購入日	月　日	

書名　(　　　　　　　　　　　　　　　　)愛読者カード

本書についてのご感想をおきかせください。また、今後の企画についてのご意見もおきかせください。

本書購入の動機（○で囲んでください）

A　新聞・雑誌で　（　紙・誌名　　　　　　　　　　　　）
B　書店で　C　人にすすめられて　D　ダイレクトメールで
E　その他　（　　　　　　　　　　　　　　　　　　　　）

購読されている新聞，雑誌名

新聞　（　　　　　　　　　）　雑誌　（　　　　　　　　　）

直接購読申込欄

本状でご注文くださいますと、郵便振替用紙と注文書籍をお送りします。内容確認の後、代金を振り込んでください。（送料は無料）		
書名		冊
書名		冊
書名		冊
書名		冊

ります。

二〇一九年三月、当初の予定より半年遅れて、「黒島の集落」（佐世保市）にある黒島天主堂の耐震化工事が始まりました。遅れた原因は、入札に応じる業者が現れなかったためで、佐世保市はやむを得ず随意契約により年度内の着工にこぎつけたのです（長崎新聞二〇一九年二月一日付記事による）。このことから、遺産の保全には、「思い」だけではどうにもならない現実もあることを、私たちは知る必要があります。「明朗会計」の原則のもとで、拝観料や協力金・募金に応えるのも「よき観光者」としての一側面だと言えるでしょう。

（3）事前連絡制度の運用について

当初は、大浦天主堂以外でも拝観料の導入を前提とし、事前連絡の窓口である「長崎と天草地方の潜伏キリシタン関連遺産インフォメーションセンター」に観光客が教会内部の見学を予約したうえで、拝観料を納めるという仕組みが検討されていた。しかし、途中から拝観料を徴収する方向性ではなくなったため、観光客に対して強制力や受益者負担の感覚が相対的に弱い連絡制度として運用されている。実際には、連絡をせずに訪れる方が少人数だと見学への対応も不可能ではないが、予約している方を優先して見学できるよう運用への配慮を各所で依頼している。また、観光客が事前連絡なしで教会に向かうと、冠婚葬祭にかかわる礼拝がおこなわれるような場合は、教会への立ち入りはできない。そのような課題も、事前連絡があればその旨を観光客に伝えることができる。教会の信徒の方々と観光客の両方にとって意味のある制度と認識しており、さらに観光客への周知をすすめていく。

潜伏キリシタン関連遺産にふくまれる教会建築は、観光対象である以前に、信徒にとって大切な祈りの

写真 4-8　﨑津教会. 2018 年 10 月 9 日撮影.

場であることを忘れてはいけません。これは、神社や寺院、モスクなど、宗教を問わずあらゆる祈りの地についても同じです。観光客にとっては一見すると面倒ととらえがちな事前連絡制度ですが、「事前連絡をしてでも教会のなかを見学したい」という意思を観光客自身が再確認する機会になると前向きにとらえたいものです。そして、制度の運用を重ねていくことで、事前連絡制度が保全と観光との両立に役立っていることを、ゲストもホストも実感できるような仕組みへと中長期的な視点で改善を図ることも求められます。

私自身、そのように思った経験を一つ紹介したいと思います。二〇一八年一〇月九日、私はゼミの巡検で、「天草の﨑津《さきつ》集落」(熊本県天草市)にある﨑津教会(写真四―八)の内部を見学しました。その一週間ほど前に、事前連絡の窓口となっている「長崎と天草地方の潜伏キリシタン関連遺産インフォメーションセンター」に、代表者である私の名前と携帯電話番号、人数、見学希望の時間帯をお伝えしたのです。ところが、﨑津教会の敷地や周辺を見渡しても、事前連絡者の受付のコーナーを見つけることができませんでした。率直に言って、事前連絡の意味は教会によって運用にちがいがあるのかもしれませんが、このままでは形骸化するのではと心配になりました。

世界遺産観光にとって有意義な制度が、わざわざ労力を割いて運用されているのです。いまは何とか観光客に対応できていたとしても、大型連休や夏休み、冬休みといった長期休暇の際に連絡しなくても対応

写真 4-9　ゼミ生と訪ねた「天草市﨑津集落ガイダンスセンター」. 2018 年 10 月 9 日撮影.

してもらえるという地域の善意に依存しすぎたり、教会によって運用基準が不統一であったりすると、とくに小規模な集落に位置する教会では、信徒の方々の信仰の妨げになることは言うまでもありません。この制度を広く観光客に知ってもらうためにも、パンフレットやホームページなどでの情報発信はもとより、運用の改善をつねに念頭に置いておくことは重要です（写真四―九）。

おわりに

二〇一六年一月、イコモスの示した中間報告は、長崎と天草地域で教会や周辺の文化的景観を承継してきた人びとにとって、たしかに寝耳に水のできごとでした。遺産の改称にも、どれだけのコミュニティが関与したのかなど、課題を多く抱えているのも事実です。

しかし、禁教（潜伏）期へのストーリーの重点化が求められ、復活期の象徴である教会や関連施設という「光」のみならず、迫害や弾圧、反乱や鎮圧、改宗をめぐる軋轢といった、「長崎の教会群とキリスト教関連遺産」では主題的に語られなかった、「負の記憶」に対する理解と承継の意義が、ホストとゲストで共有していくことに期待したいと思います[14]。禁教（潜伏）期の苦難の歩みは、世界史的にも突出したストーリーであることに異論の余地はなく、国内外を問わず大きな訴求力を有します。その点に、観光客とともにホスト側も改めて注目する機会を得ることで、構成資産や周辺地域（世界遺産を保全するための緩衝地帯）をふくむ地域資源の再発見という効用は高まっていくでしょう。

また、インバウンドの増加にともない、慣習のちがいからくる「悪意なきマナー問題」がさらに目に見えやすく各所で問題となると思われます。とくに、潜伏キリシタン関連遺産のように、宗教にかかわる地が観光対象となっている場合、すでに静謐な環境を一変させるオーバーユース、司祭具の破損、落書きが多発するなど観光公害の事例は後を絶ちません。祈りという人びとの内面に介入する問題であり、潜伏キリシタン関連遺産の場合も、今後、観光客の増加が地域に「正」のインパクト拡大を上回る「負」のインパクトを拡大させるのであれば、もはやそれは真の世界遺産観光と呼べるものではありません。

世界遺産観光は、保全への理解を前提とすることから、観光教育の重要性はさまざまな観光形態のなかでもとりわけ高くなります。観光客と地域の人びとが邂逅を重ねるという観光教育の場面を経ることは、観光公害の軽減に対して特効薬とは言えないかもしれません。しかし、両者の関係性の構築は、世界遺産観光に質的な変化を徐々にもたらしてくれるでしょう。

[14] 関連して、構成資産の一つであり、一六三七年に起こった「島原・天草一揆」の鎮圧後に、城郭の痕跡をとどめないよう破却された「原城跡」のある南島原市には、多くのキリスト教信徒が殉教に追い込まれた歴史とともに、キリシタン大名・有馬晴信による仏教徒への弾圧や、宣教師主導で寺社を徹底して破壊した歴史もある。このような「負の記憶」について、南島原市では地域住民によるガイドが紹介しており、潜伏キリシタン関連遺産において「負の記憶」を語る際の先進事例として参考になる。

参考文献

アレックス・カー&清野由美（二〇一九）：『観光亡国論』中央公論新社．

池田拓朗（二〇一六）：キリシタン文化の観光資源化―長崎県外海地方を事例として、宗教研究（別冊）、八九、三九七―三九八頁.
大島順子（二〇一六）：観光の教育力の構造化に向けて、観光科学、八、七三―八六.
小川護（二〇一三）：世界文化遺産「琉球王国のグスク及び関連遺産群」の現状、地図中心、四九〇、一二―一五頁.
門田岳久（二〇一六）：聖地観光の空間的構築―沖縄・斎場御嶽の管理技法と「聖地らしさ」の生成をめぐって、観光学評論、四（二）、一六一―一七五頁.
木村勝彦（二〇一二）：宗教ツーリズムにおける真正性と倫理の問題―長崎のキリスト教聖地をめぐって（山中弘編著『宗教とツーリズム―聖なるものの変容と持続』世界思想社）、二五四―二七六頁.
才津祐美子（二〇〇六）：世界遺産の保全と住民生活―「白川郷」を事例として、環境社会学研究、一二、二三―四〇頁.
寺本潔・中村哲（二〇一六）：観光に備わる教育力（寺本潔・澤達大編著『観光教育への招待―社会科から地域人材育成まで』ミネルヴァ書房）、一―一七頁.
松井圭介（二〇一三）：『観光戦略としての宗教―長崎の教会群と場所の商品化』筑波大学出版会.
松井圭介（二〇一六）：誰のための世界遺産か―「教会群」にみるジレンマ、地理、六一（七）、五〇―五九頁.
山中弘（二〇一六）：宗教ツーリズムと現代宗教、観光学評論、四（二）、一四九―一五九頁.

終章　「奄美・沖縄」のゆくえ

本書はタイトルにあるように、「観光と地域」の関係に注目してきました。とくに、地域にとってプラスにもマイナスにも作用する可能性のある観光は、もはや二一世紀における主要産業として欠かすことのできない存在となっています。そのため、「持続可能」という言葉が意味する、「本物」を保全・利用しながら次世代へと承継していく視点は、より高まっていくことでしょう。そこで登場してきたのが、エコツーリズムや世界遺産観光といった、地域への経済的効果ばかりではなく、保全意識の高まりや共感といった、数字には表せない社会的効果が期待される、「持続可能な観光」という考え方です。国連は、重点的に取り組む世界的課題として、二〇一七年を「開発のための持続可能な観光の国際年」に定めたことで、日本でもこの動きは加速していくと考えられます。

そこで、終章として、これから世界自然遺産への登録審査を控える「奄美・沖縄」の事例をとおして、持続可能な観光につながる世界遺産登録の役割について考えていきましょう。

一、日本で五件目の世界自然遺産へ

二〇一八年の第四二回世界遺産委員会が終了した時点で、日本には二二件（自然四、文化一八）の世界遺産があります。ここで取り上げる南西諸島では、第二章で扱った屋久島（一九九三年登録）のほか、二〇〇〇年に「琉球王国のグスク及び関連遺産群」が登録されました。首里城跡や斎場御嶽、今帰仁《なきじん》城跡など、観光客の増加は、地域経済に恩恵をもたらすと同時に、「観光公害」や「オーバーユース」といった、いわゆる観光客のマナーが原因となるさまざまな課題も生じています（写真五―一）。

写真 5-1　斎場御嶽の祭壇． 観光客の立ち入りが後を絶たない．2012年3月7日撮影．

登録件数の増加にともない、世界遺産の登録審査もより狭き門となってきました。原則として毎年一回開催のユネスコ世界遺産委員会での本審査に臨める候補は、二〇二〇年より、従来の一つの国につき「自然遺産・文化遺産で各一件まで」から、「自然遺産・文化遺産のいずれか一件」へと変更され、国内での推薦を獲得するハードルが高くなることは確実です。

二〇一九年一月一七日、「奄美・沖縄」は、ふたたび世界遺産の審査に臨むことが決まりました。このことについて報じた、同年二月二日の産経新聞記事を引用しておきます。

「政府は一日、世界自然遺産登録を目指す「奄美大島、徳之島、沖縄島北部および西表島」の推薦書を、パリの国連教育科学文化機関（ユネスコ）本部に提出した。推薦は平成二九年に続き二回目。今年九月～一〇月ごろのユネスコ諮問機関による現地調査を経て、来年夏の世界遺産委員会で登録の可否が審査される見通しだ。奄美・沖縄は、亜熱帯気候の広大な常緑広葉樹林にアマミノクロウサギやヤンバルクイナなど多くの固有種が生息する。前回の推薦では、推薦区域の設定に問題があるとして諮問機関が登録延期を勧告。政府はいったん推薦を取り下げた。」

写真 5-2　アマミノクロウサギ（左）のはく製.
鹿児島県立博物館蔵. 2015年5月15日撮影.

当該地域の持つ自然や独特の文化の魅力は言わずもがなのものがあります。アマミノクロウサギ（写真五―二）やヤンバルクイナ、イリオモテヤマネコなど、希少生物に代表される豊かな自然環境とそれらに育まれる文化を承継してきた島民の方々に対して、今回の再推薦に至る合意形成のプロセスを、どの程度ていねいにふんだのか私たちは十分に注視する必要があるでしょう。専門家が認める学術的価値や、それらを説明するストーリーは、専門家のなかで完結してしまうものではありません。それらの価値が、地域へ浸透していく過程を尊重するべきです。このことを疎かにし、地域が置き去りにされるという感覚に陥った瞬間、保全とその背後にある観光との均衡は、余りにも脆弱なものになってしまうかもしれません。

二〇一八年五月、世界自然遺産の現地調査を担うIUCN（国際自然保護連合）が「登録延期」（＝内容を抜本的に見直した上で二年後以降に再挑戦を促す勧告）という中間報告を発表したため、日本政府はいったん申請を取り下げました。そこからわずか半年後に、政府より再推薦の方針が示されたことになります。この短期間に、学術的価値に限れば、ストーリーの再構築は可能だったかもしれません。しかし、保全の当事者である地域の方々の再推薦に向けた意識の高まりや一体感といった力強い動きがほとんど伝わってきませんでした。この理由は、私が対象地に暮らしていないため接する情報が少なくかっただけとは言えないと考えています。

二、「トリップアドバイザー」の指摘に学ぶ

たとえば、人間だれしも、得意分野、不得意分野、話を聞いて楽しい分野、興味をもてない分野があると思います。私は、世界自然遺産のなかでも、地形や地質に関する内容は、比較的すんなり頭に入ってきやすいのですが（地学科を卒業したので当たり前と言われそうですが）、たとえば生き物になると、正直なかなか難しく感じてしまいがちです。そのように考えると、それぞれの道に秀でた専門家の理解と、地域の人びとが価値を認識するに至るまでの道のりには、どうしてもタイムラグが生じます。ですから、この時間差をはたして半年の間で埋めていけたのかおおいに疑問を感じます。

二〇一八年に、沖縄県は「奄美・沖縄」にふくまれる西表島（沖縄県竹富町）の島民を対象にしたアンケートをおこないました。その結果は、世界遺産登録を望まない割合が高く、その理由が「自然遺産に登

録されると観光客が増えることで保全への不安が高まる」という、世界遺産制度が本末転倒になりかねないジレンマを地域が抱えていることが明らかになりました。また、著名な観光サイト「トリップアドバイザー」でも、「奄美・沖縄」を、「世界遺産に登録される前に行っておきたい」と紹介しており、世界遺産観光の本来の役割はどこにあるのかを私たちに突き付けていると言えるでしょう。

たしかに、世界遺産は変化に富んだ魅力ある地域の宝が登録の対象になってきました。しかし、登録決定時の首長インタビュー等に多い、観光振興（とくに経済的効果）への期待がはじめに表明され、本来の保全への決意がかすんでしまうかのような「世界遺産への挑戦」は、真剣に考え直す時機にあると思います。

あとがき

本書は、観光と地域とのよきかかわりとは何かについて、「世界遺産」と「エコツーリズム」という二つのキーワードをとおして考えてきました。とくに、これらが本来の役割として期待される「持続可能な観光」の対象や形態として、日々さまざまな報道であふれています。現場からみた具体的な事例をとおして、これら問題意識をいち早く提起したいとの思いで、そもそも「観光とは何か」や「観光を構成する要素」からひもといていきました。読者のみなさまには、少しでも筆者の意図する視点をくみとっていただけたら、これ以上の喜びはありません。

私が観光研究に本格的に取り組むようになって、早くも一五年がたちました。そのうち、一一年間を、長崎大学環境科学部で過ごしたことになります。着任した学部の特徴もあり、環境保全と観光に関するフィールドワークや、学生たちとの巡検のテーマとして、エコツーリズムや世界遺産、ジオパーク、小規模島嶼での観光などに多くふれる機会を得ることができました。

その間、長崎に構成資産のある世界遺産が二〇一五年、二〇一八年と二件も誕生し、その前後から急激に世界遺産の存在が身近なものになっていく感覚になりました。「明治日本の産業革命遺産」では、本書第三章で扱った軍艦島（端島炭坑）や旧グラバー住宅、「長崎と天草地方の潜伏キリシタン関連遺産」では、大浦天主堂など、もとより観光地としてよく知られている地域の宝が、さらに人びとの注目を集め、地元の新聞報道やテレビのローカルニュースなどで紹介される頻度も確実に増えたと思います。一方で、私が初めて訪ねた世界遺産・屋久島は、日本のエコツーリズムと世界遺産観光のトップランナーであるがゆえに、観光がもたらす効果や課題が積み重なり、あらためてこれらのキーワードにもとづく観光がどのような役割を果たしていくべきなのか考えさせられることになりました。現在、屋久島への観光客はピーク時よりやや減少したこと、入山協力金など新たな制度の導入や、観光客の環境保全への理解の高まりから、少しずつですが「持続可能な観光」への道筋が表れつつあるようです。「明治日本の産業革命遺産」と「長崎と天草地方の潜伏キリシタン関連遺産」は、登録からそう年数を重ねていないこともあって、保全を前提とした観光の制度設計が決して十分とは言えません。私たちは、観光のゲスト側、ホスト側のいずれにも立ち得る存在ですから、当事者としての意識を抱きながら、本書を読みすすめていただけると幸いです。

第二～四章に収録した調査結果は、筆者とゼミ生とでともに実施しました。協力してくれた学生はもちろん、調査に快く応じてくださった長崎県世界遺産課、長崎市世界遺産推進室、屋久島町環境政策課の皆様にこの場を借りて深くお礼を申し上げます。

なお、本書に収録した研究成果は、ＪＳＰＳ科研費16K02072・18K18441の助成を受けたものです。

最後になりましたが、本書を刊行するにあたって、株式会社南方新社の向原祥隆社長と大内喜来さんには、企画の段階から大変お世話になりました。ここに厚く感謝の意を表します。

令和元年九月

環境科学部中庭にある被爆クスノキ二世を眺めつつ

深見　聡

■著者プロフィール

深見 聡（ふかみ・さとし）

長崎大学環境科学部・准教授

1975年、鹿児島市出身。1998年、鹿児島大学理学部地学科卒業。2006年、鹿児島大学大学院人文社会科学研究科博士後期課程修了。博士（学術）。2001年にNPO法人かごしま探検の会を設立、代表理事などをへて2008年より現職。専門は、観光学・観光地理学、環境教育論。2016年、第9回日本観光研究学会賞（共同）、第3回全国地理教育学会賞。長崎県環境アドバイザー。YouTubeに「ふかみちゃんねる」開設中。

主著:『鹿児島の史と景を歩く—街めぐり14コース』(単著、2004年、南方新社)、『観光とまちづくり—地域を活かす新しい視点』（共編著、2010年、古今書院)、『ジオツーリズムとエコツーリズム』（単著、2014年、古今書院)、『ジオツーリズム論—大地の遺産を訪ねる新しい観光』（共著、2014年、古今書院)、『図説 日本の島—76の魅力ある島々の営み』（共著、2018年、朝倉書店)、『真実の潜伏キリシタン関連遺産』（共著、2018年、メディアボーイ）

観光と地域
—エコツーリズム・世界遺産観光の現場から—

二〇一九年十月二十日 第一刷発行

著　者　深見 聡
発行者　向原祥隆
発行所　株式会社 南方新社
〒八九二—〇八七三
鹿児島市下田町二九二—一
電話 〇九九—二四八—五四五五
振替口座 〇二〇七〇—三—二七九二九
URL http://www.nanpou.com/
e-mail info@nanpou.com

印刷・製本 株式会社 イースト朝日
定価はカバーに表示しています
乱丁・落丁はお取り替えします
ISBN978-4-86124-410-0 C0026